COMPRENDRE L'ÉCONOMIE INTERNATIONALE

5-7, rue de l'École-polytechnique ; 75005 Paris

http://www.librairieharmattan.com
diffusion.harmattan@wanadoo.fr
harmattan1@wanadoo.f

ISBN : 978-2-343-00764-9
EAN : 9782343007649

Gérard Fonouni-Farde

COMPRENDRE L'ÉCONOMIE INTERNATIONALE

L'économie pour tous !

L'Harmattan

Collection « L'esprit économique »

fondée par Sophie Boutillier et Dimitri Uzunidis en 1996
dirigée par Sophie Boutillier, Blandine Laperche, Dimitri Uzunidis

Si l'apparence des choses se confondait avec leur réalité, toute réflexion, toute Science, toute recherche serait superflue. La collection « L'esprit économique » soulève le débat, textes et images à l'appui, sur la face cachée économique des faits sociaux : rapports de pouvoir, de production et d'échange, innovations organisationnelles, technologiques et financières, espaces globaux et microéconomiques de valorisation et de profit, pensées critiques et novatrices sur le monde en mouvement...
Ces ouvrages s'adressent aux étudiants, aux enseignants, aux chercheurs en sciences économiques, politiques, sociales, juridiques et de gestion, ainsi qu'aux experts d'entreprise et d'administration des institutions.

La collection est divisée en six séries :

Dans la série *Economie et Innovation* sont publiés des ouvrages d'économie industrielle, financière et du travail et de sociologie économique qui mettent l'accent sur les transformations économiques et sociales suite à l'introduction de nouvelles techniques et méthodes de production. L'innovation se confond avec la nouveauté marchande et touche le cœur même des rapports sociaux et de leurs représentations institutionnelles.

La série *L'économie formelle* a pour objectif de promouvoir l'analyse des faits économiques contemporains en s'appuyant sur les approches critiques de l'économie telle qu'elle est enseignée et normalisée mondialement. Elle comprend des livres qui s'interrogent sur les choix des acteurs économiques dans une perspective macroéconomique, historique et prospective.

Dans la série *Le Monde en Questions* sont publiés des ouvrages d'économie politique traitant des problèmes internationaux. Les économies nationales, le développement, les espaces élargis, ainsi que l'étude des ressorts fondamentaux de l'économie mondiale sont les sujets de prédilection dans le choix des publications.

La série *Krisis* a été créée pour faciliter la lecture historique des problèmes économiques et sociaux d'aujourd'hui liés aux métamorphoses de l'organisation industrielle et du travail. Elle comprend la réédition d'ouvrages anciens, de compilations de textes autour des mêmes questions et des ouvrages d'histoire de la pensée et des faits économiques.

La série *Clichés* a été créée pour fixer les impressions du monde économique. Les ouvrages contiennent photos et texte pour faire ressortir les caractéristiques d'une situation donnée. Le premier thème directeur est : mémoire et actualité du travail et de l'industrie ; le second : histoire et impacts économiques et sociaux des innovations.

La série *Cours Principaux* comprend des ouvrages simples, fondamentaux et/ou spécialisés qui s'adressent aux étudiants en licence et en master en économie, sociologie, droit, et gestion. Son principe de base est l'application du vieil adage chinois : « le plus long voyage commence par le premier pas ».

A mes enfants, Guillaume et Camille

SOMMAIRE

AVANT-PROPOS

Vue d'une autre planète, l'économie mondiale représente une gigantesque fourmilière où chaque pays joue un rôle économique et commercial particulier. Les États tissent entre eux des relations plus ou moins étroites et s'échangent marchandises et capitaux dans le but de s'enrichir.

C'est ainsi qu'ils construisent, à travers leurs échanges, leurs comportements, leurs décisions et leurs productions, ce que l'on peut désigner comme l'économie internationale.
Certains d'entre eux, souhaitant obtenir le premier rôle économique, se sont unis pour garantir la paix et s'enrichir. D'autres, au contraire, ont de grandes difficultés à monter sur la scène internationale et doivent se contenter des seconds rôles voire parfois de simples rôles de figurants.

L'économie mondiale est très hétérogène et inégale. Elle est le reflet des comportements de chaque État qui la compose. Et, chacun d'entre eux, est le reflet de nos propres comportements.
Ainsi à travers nos actes économiques, nous bâtissons l'économie internationale sans vraiment la comprendre.
Combien de fois entendons-nous dire : « *on n'y peut rien, c'est à cause de la mondialisation* », ou encore : « *c'est la faute de l'euro* » ?
À travers cet ouvrage d'initiation économique, faisant suite au premier tome relatif aux relations économiques entre les agents économiques, nous allons chercher à comprendre l'ensemble des relations économiques qui se nouent entre les Nations. Son but est de mettre à la portée de tous, la compréhension de l'économie internationale.

Le contenu de ce manuel de découverte de l'économie internationale s'intitule :

- Les relations économiques entre les États

Il se découpe en **quatre thèmes** économiques illustrés de schémas auxquels s'ajoute une **réflexion qui suscite** le débat, suivie d'une rubrique **Pour en savoir plus**.

Les relations économiques entre les pays

Les agents économiques interviennent dans les relations économiques internationales. Depuis la seconde guerre mondiale, les échanges entre les États se sont amplifiés. Ces relations économiques internationales entre les Nations sont source de progrès mais également source de nouvelles contraintes économiques.

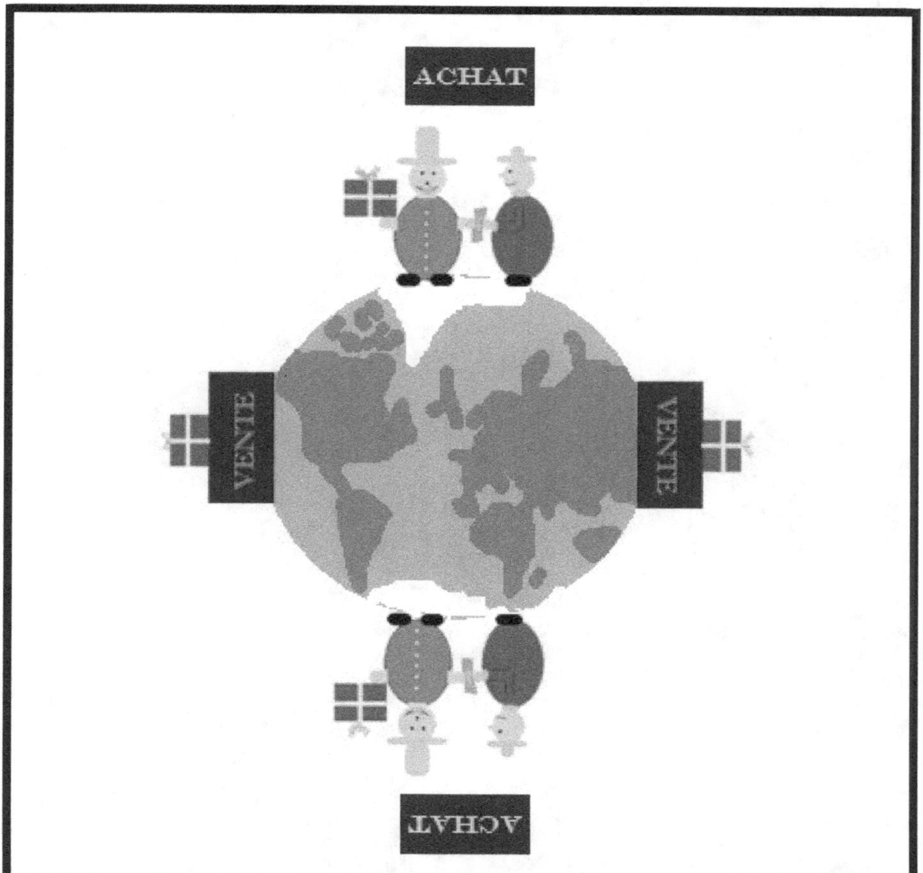

INTRODUCTION

Aucun État ne dispose sur son territoire de toutes les ressources pour produire, de tous les biens ou services pour satisfaire les besoins de sa population, soit parce qu'il ne peut pas les produire par manque de ressources naturelles et économiques, soit parce qu'il n'a pas les quantités suffisantes pour répondre aux besoins de ses résidents.
C'est donc grâce aux échanges internationaux que chaque État pourra résoudre ce problème. Participer à l'échange international est devenu une nécessité mais qui n'est cependant pas sans risque.
Chaque État pourra ainsi importer les marchandises ou services dont il a besoin et les obtenir au moindre coût.
Ensuite, il devra en contrepartie vendre ses produits à l'étranger en exportant, non seulement pour se procurer des devises (monnaie étrangère) nécessaires au financement de ses importations, mais aussi pour trouver de nouveaux débouchés afin d'écouler sa production.
Ces échanges font ainsi naître des relations économiques entre les pays. Chaque État a donc besoin de l'autre pour se développer. En effet, les pays sont à la fois « fournisseurs » et « clients ». En tant que fournisseurs, ils ont donc intérêt à ce que les clients se portent bien (exemple : les relations économiques entre la Chine et l'Europe) car si les clients se développent, les fournisseurs en feront de même. Réciproquement, les États « clients » ont intérêt à ce que les pays « fournisseurs » s'enrichissent pour qu'eux-mêmes puissent également s'enrichir.
Ainsi, n'aurait-on pas intérêt à ce que les pays du « ***tiers-monde*** » s'enrichissent et se développent pour que nos économies se développent aussi ? En fait tout dépend de la manière dont s'organisent les **relations d'échanges** entre les États !

Ces relations économiques se traduisent par :

- Des relations commerciales portant sur les biens et services.
- Des relations financières portant sur des capitaux à court terme et à long terme.

Les États s'échangent des produits et des capitaux dont ils ont besoin afin d'en retirer un gain respectif.
Ces relations se sont développées au fil de l'Histoire. Elles s'établissent sur la base des règles du libre échange : libre circulation des marchandises et des capitaux facilitant le développement du commerce international.
Cet essor de l'internationalisation des échanges, qui ne cesse de prendre de l'ampleur dans la croissance mondiale d'aujourd'hui, a conduit à la

mondialisation de l'économie et à la montée en puissance des pays émergents, la Chine en particulier.
Cette ouverture sur l'extérieur a renforcé l'interdépendance des économies entre elles pour former une économie globale et en même temps, a contribué au développement de zones régionales commerciales unifiant économiquement les pays (l'ALENA, le MERCOSUR). L'Europe est un exemple de cette régionalisation des échanges économiques.
Cet édifice européen, construit à partir de 1957 par le traité de Rome pour garantir la paix entre toutes les Nations européennes, reste encore inachevé car le processus d'intégration est long. Il s'est fait en plusieurs étapes.

Tout d'abord l'étape **commerciale,** ensuite l'étape **monétaire**.
Si l'on suit le processus, l'étape **politique** devrait être la troisième étape. Mais cette étape là sera très longue à mettre en place avec une Europe qui ne cesse de s'agrandir et qui a du mal à se fédérer.
La construction européenne a connu des avancées considérables (le grand marché unique, la monnaie unique) mais aussi des ralentissements, voire même des risques de rupture avec la crise des dettes publiques en 2011 qui a mis en danger l'union monétaire des États européens membres de la zone euro.

Le sursaut collectif reprendra-t-il le dessus sur l'individualisme de chaque État européen ? L'Europe semble désunie face à la mondialisation de l'économie qui fausse la concurrence.

L'économie mondiale uniformise le monde mais s'accompagne d'un paradoxe : elle encourage le progrès humain mais aussi entretient la misère humaine et accentue le dérèglement naturel de notre planète en forgeant l'interdépendance des Nations à travers des relations économiques internationales trop souvent inégalitaires.
Aussi devant une telle crainte, on voit naître des réflexions sur la démondialisation, on voit se créer des mouvements d'indignés voulant une mondialisation économique au service des peuples, ou une mondialisation citoyenne.
Parler d'hétérogénéité de l'économie mondiale se justifie encore aujourd'hui en raison de l'accroissement persistant des inégalités de richesses entre les pays de la planète.

A travers cet ouvrage d'initiation économique, nous allons chercher à comprendre l'ensemble de ces relations économiques, qui caractérise la dimension mondiale de nos économies devenues désormais interdépendantes.

Nous analyserons cette interdépendance à travers les relations économiques entre les États à partir de quatre thèmes :

- **Thème 1 : Les échanges internationaux**
- **Thème 2 : La mondialisation de l'économie**
- **Thème 3 : L'Europe économique et monétaire**
- **Thème 4 : Les inégalités mondiales : le sous-développement**

THEME 1 :

L'internationalisation des échanges

I- Fondements et mesure des échanges internationaux

« Le libre échange, chacun s'en réclame, mais personne ne le pratique »

Dans tous les pays du monde, on se réclame du libre échange, car chaque pays cherche à exporter ses produits pour accroître sa croissance sans pour autant subir la pénétration des produits étrangers menaçant parfois les entreprises et les emplois nationaux. C'est pourquoi, les États oscillent entre libre échange et protectionnisme.

Cependant la règle du libre échange (libre circulation des marchandises et des capitaux entre les pays) reste le fondement des échanges et des théories économiques du commerce international.
Les échanges commerciaux, poussent les pays à ouvrir leur frontière au reste du monde afin d'en retirer un intérêt économique malgré les risques qui en découlent.

Les échanges internationaux doivent être organisés selon certaines règles afin de profiter aux pays acceptant d'appliquer le libre échange. Lesquelles ? Et quels sont leurs fondements ?

1) Une économie qui s'ouvre sur l'extérieur pour échanger

Pour pouvoir échanger et bénéficier des avantages de l'échange, chaque État doit accepter d'ouvrir ses frontières.

Mais pourquoi vouloir échanger avec d'autres pays ? Et quels sont les facteurs qui expliquent ces échanges internationaux ?

a) Les raisons et les fondements des échanges entre les pays

1. Les raisons économiques des échanges (fig.1)

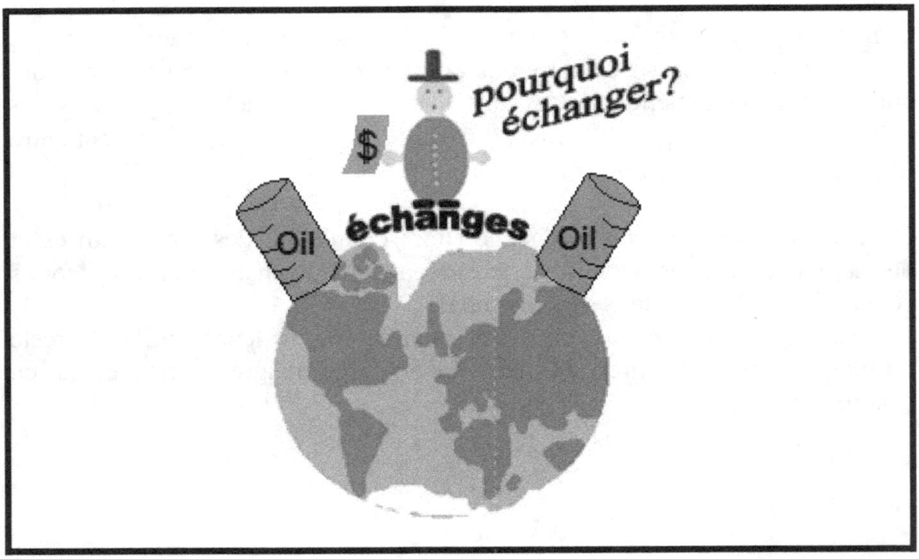

(fig.1)

Pour quelles raisons les États échangent-ils leurs produits ?

- **Pour favoriser leur croissance économique et leur développement**. Les exportations augmentent le PIB et remplissent les carnets de commandes des entreprises. Elles tirent la croissance économique mais risquent de rendre dépendants les États entre eux.

- **Pour obtenir des produits au moindre coût**. Il est parfois plus avantageux pour un pays d'acheter des biens ou services moins chers à l'étranger que de les fabriquer lui-même. (exemple pour la France : les ordinateurs, les téléphones mobiles, les vêtements, les jouets… toutes ces productions proviennent de l'étranger car la France ne les produit plus).

- **Pour se procurer des matières premières** que le pays ne peut produire faute de ressources naturelles (exemple : le pétrole pour la France).

- **Pour trouver de nouveaux débouchés**, de nouveaux marchés aux produits lorsque la demande intérieure est saturée (exemple : le secteur automobile en quête du marché chinois).

- **Pour mieux satisfaire les besoins des consommateurs et élargir leur choix.**

- **Pour se procurer des devises afin de pouvoir régler les importations.**

- **Pour pouvoir investir dans des pays se développant et augmenter les profits.**

Les pays échangent parce qu'ils y trouvent un intérêt. Ainsi, l'échange naît des différences qui existent entre les pays. Qu'elles soient économiques, technologiques, financières ou naturelles, ces différences amènent les pays à effectuer des échanges afin d'en retirer un gain.

2. Les fondements théoriques des échanges

Plusieurs facteurs déterminent les fondements du commerce international. Diverses théories économiques vont expliquer les facteurs qui poussent les pays à échanger. Toutes ces théories s'appuient sur le libre échange, qui est la doctrine préconisant la libre circulation des biens, des services et des capitaux, s'opposant ainsi à toutes formes d'entraves limitant cette liberté du commerce.

Quels sont ces fondements théoriques ?

- **<u>Les échanges reposent sur les avantages de chaque Nation</u>**

« *Même si Mozart était doué pour l'écriture, il devrait laisser à d'autres le soin d'écrire, pour nous gratifier de son génie musical.* »

- **Les avantages : coût de production**

« *L'avantage fait l'échange.* » (fig.2)

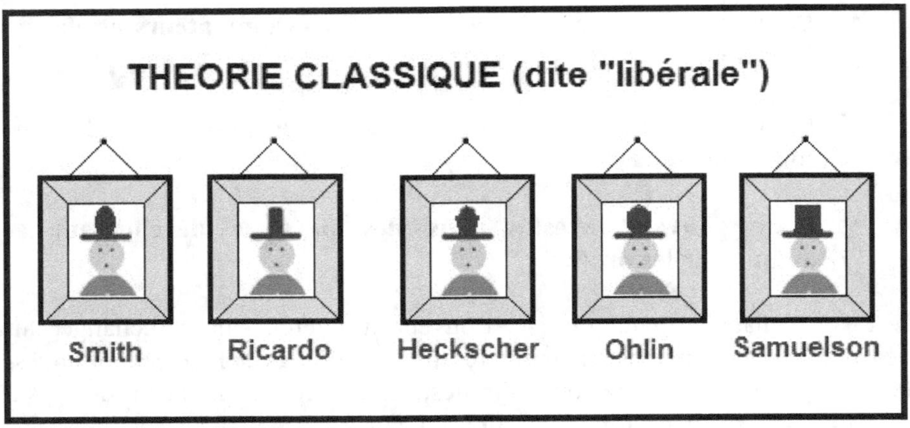

(fig.2)

Adam SMITH (1723-1790) : à travers sa théorie des **avantages absolus**, il fonde son analyse sur l'avantage absolu en termes de coût qu'un pays peut posséder sur un autre. Cet avantage est la possibilité pour un pays de pouvoir produire à faible coût par rapport aux autres pays. Il en conclut que chaque pays se spécialise dans la production pour laquelle il a un avantage et exporte cette production. Il aura intérêt à importer les produits pour lesquels il n'a pas d'avantage absolu. Cette spécialisation permet ainsi une division internationale du travail.

La théorie des avantages absolus d'Adam Smith suppose que les facteurs de production soient fixes. Or ce n'est plus le cas aujourd'hui avec la mondialisation de la production. Les usines se délocalisent, leur production se fragmente dans plusieurs pays (exemple des productions pour : le jean, les poupées Barbie, les chaussures Nike, Adidas… leurs composants sont fabriqués dans plusieurs pays du monde, chaque pays participe au processus de production). La production se fait à l'échelle mondiale. De plus, les grandes entreprises sont devenues des multinationales disposant d'une multitude de filiales à l'étranger.

Cette doctrine libérale comporte un inconvénient majeur : **un pays qui n'a pas d'avantage absolu est exclu de l'échange international.**

Une autre théorie vient compléter la théorie d'Adam Smith et pallier son inconvénient majeur :

David RICARDO (1772-1823) : à travers la théorie des **avantages comparatifs**, il montre que ce sont les différences de coûts relatifs de production entre les pays qui fondent les échanges internationaux, et qu'un pays a intérêt à se spécialiser dans la production pour laquelle il possède un avantage relatif c'est-à-dire le meilleur avantage parmi ses productions ou un désavantage le moins élevé. Un pays va donc se spécialiser dans la production dans laquelle son désavantage est le plus faible et il va exporter les biens dans lesquels il est le moins mauvais.

L'application de la théorie de Ricardo devrait profiter à tous les pays, notamment les plus pauvres. Cependant, l'avenir n'a pas donné raison à Ricardo. Plus les pays en développement échangent leurs produits primaires pour obtenir des produits industrialisés, plus les termes de l'échange (rapport entre les prix des exportations et ceux des importations) se détériorent pour eux donc moins le gain est fort. Ils perdent au change et n'auraient finalement pas intérêt à y participer dans certains cas. Ils doivent vendre davantage de produits dits « primaires » pour obtenir en échange la même quantité de produits industriels, ce qui freine leur développement, les pousse à s'endetter et les rend dépendants de l'étranger.

- **Les avantages : ressources naturelles ou dotation en facteur de production**

D'autres théoriciens « libéraux » vont enrichir la théorie de Ricardo. Selon eux, les avantages d'un pays ne proviennent pas que de la productivité mais de l'ensemble des facteurs de production : travail, capital, ressources naturelles, dont dispose un pays.

Heckscher, Ohlin, Samuelson (1933) : à travers la théorie des **dotations en facteurs de production**, ils montrent que c'est donc l'abondance des facteurs de production qui fonde les échanges. Les pays vont se spécialiser dans les facteurs les plus abondants. (La Chine se spécialise dans les productions utilisant beaucoup de main-d'œuvre car celle-ci est abondante et peu coûteuse).

Ce théorème de H.O.S. ne prend en compte que la quantité des facteurs de production et occulte complètement leur qualité. Un pays peut tout à fait se spécialiser dans un secteur où il y a pénurie de main d'œuvre si celle-ci est compensée par la qualité du travail des salariés (fig.3).

Les échanges reposent sur la spécialisation de chaque nation dans les productions pour lesquelles elles disposent soit d'un avantage ou d'une abondance de facteurs de production.

Théories classiques et néoclassiques de l'échange international

L'avantage fait l'échange

Voies : politiques et technologiques ⟶ Mondialisation de l'économie (globalisation)

Smith ↓ Chaque pays se spécialise dans les productions pour lesquelles il dispose d'un avantage absolu.

Ricardo ↓ Chaque pays se spécialise dans les productions pour lesquelles il dispose d'un moindre avantage.

Heckscher, Ohlin, Samuelson ↓ Chaque pays se spécialise dans les productions pour lesquelles il dispose d'une abondance de facteurs de production ou de ressources naturelles.

(fig.3)

Les théories traditionnelles expliquent les échanges entre les Nations ayant des caractéristiques différentes. On parle dans ce cas de commerce international interbranche c'est-à-dire que les nations s'échangent des produits différents, par exemple des voitures contre des ordinateurs, des produits agricoles contre des jouets….

Or aujourd'hui, les échanges se font entre États ayant des économies peu différenciées. C'est le cas notamment pour les membres de l'union européenne dont les dotations factorielles sont peu différenciées les unes des autres. Plus de 60% des échanges de la France sont des échanges intracommunautaires donc des échanges intra-branches.

Les pays s'échangent des produits similaires selon leur nature (des voitures contre des voitures), mais différents selon leurs marques, leurs caractéristiques commerciales ou techniques (certains consommateurs français achètent des véhicules Renault alors que d'autres préfèreront des Golf ou BMW). C'est donc la différenciation qui va justifier l'échange des produits de même nature.

- **Les échanges reposent sur les avantages des produits et des entreprises**

Avec d'autres auteurs contemporains, Paul Krugman met l'accent sur les stratégies de différenciation des entreprises et sur leurs dimensions pour expliquer les échanges.

- **L'avantage produit**

Face à la concurrence, les entreprises cherchent à accroître leur avantage concurrentiel en différenciant leurs produits grâce à leurs marques, leurs innovations mineures ou majeures (automobiles, téléphones portables, vêtements…) ou encore grâce à la qualité de leurs produits et à leur publicité. L'image permet de se différencier, sinon il n'y aurait pas d'échange (exemples : la différence entre Coca-Cola et Pepsi-Cola, entre les différents parfums ou encore entre les automobiles…). C'est donc par leurs stratégies de différenciation que les entreprises créent la différence et font naître des besoins différents qui justifient l'achat de leurs produits. La différence fait vendre et détermine ainsi l'échange. « Pas de différence, pas d'échange ».

- **L'avantage dimensionnel**

Le développement des firmes multinationales (Nike, Danone, Coca-Cola, Nestlé, Total, Michelin, Wal-Mart, Mattel, L'Oréal…) a modifié le commerce international. Ce ne sont plus les Nations et elles seules qui échangent, ce sont les multinationales réalisant des économies d'échelle, c'est-à-dire produisant à l'échelle mondiale pour réduire leurs coûts.
Plus du tiers du commerce mondial de marchandises s'effectue entre les filiales de ces firmes implantées dans divers États de la planète (échanges intra firmes). Elles contrôlent plus ou moins les échanges internationaux du fait de leur dimension, faussent la concurrence avec les pays en développement et imposent ainsi leurs prix sur les marchés (exemples : coton, café, pétrole…). Elles représentent les plus grandes fortunes de la planète et, par leur pouvoir financier, imposent leurs règles aux États.

L'économie n'est désormais plus au service de l'homme, mais au service d'une poignée d'acteurs économiques plus ou moins maîtres du monde. Guidées par l'idéologie « néolibérale », ces multinationales ont contraint les États à ouvrir leurs frontières sous peine de les priver d'investissements et de capitaux.

b) Les effets de l'ouverture sur l'extérieur

L'approche libérale du commerce international prétend que chaque pays a intérêt à se rallier au libre échange et en ressort toujours gagnant. Or la réalité économique a souvent démenti cette vision idyllique. L'ouverture des frontières représente à la fois des opportunités et des menaces pour les économies et plus particulièrement pour l'économie Française.

Lesquelles ?

1. Les opportunités et les menaces du libre échange

- **<u>Les opportunités du libre échange</u>**

- **Facteur de croissance**

L'ouverture des frontières offre de nouveaux débouchés aux entreprises pouvant ainsi exporter davantage, accroître leur production et leurs profits. L'essor des exportations accroît le PIB et le niveau des emplois (Exemple : l'économie allemande et chinoise).

- **Facteur de développement économique**

La division internationale du travail accroît l'efficacité des firmes, les pousse à améliorer leur compétitivité face à une concurrence accrue. Elles sont incitées à innover, à améliorer leur productivité, à développer la recherche afin de maintenir leur avantage concurrentiel. De plus, le libre échange a permis le développement des pays émergents bénéficiant des avantages coûts sur les pays industrialisés (B.R.I.C. : Brésil Russie Inde Chine).

- **Facteur de concurrence entre les pays**

La concurrence est devenue plus vive grâce à l'ouverture des frontières. Cette pression concurrentielle favorise la baisse des prix des produits de consommation courante et profite ainsi aux consommateurs (Exemple : les produits domestiques fabriqués en Chine et vendus moins chers en France).

- **Les menaces du libre échange**

- **Facteur de désindustrialisation et de chômage**

Face à la vivacité de la concurrence des pays émergents (Chine par exemple) ayant des coûts du travail (salaires + cotisations sociales) très faibles en raison d'absence de protection sociale et de normes sociales, pratiquant le dumping social et le dumping monétaire, nos industries ont fermé (textile, jouets, électroménager, informatique…).
D'autres se sont délocalisées provoquant la désindustrialisation de certaines régions ou encore la disparition des filières industrielles (le textile en France dès la fin des années 9O par exemple) et aggravant considérablement le chômage.

- **Facteur de dégradation sociale**

Sans normes sociales et monétaires mondiales minimales, le libre échange fausse la concurrence et menace gravement les modèles sociaux des pays industrialisés, plus particulièrement celui de la France disposant d'un « modèle unique au monde ».
Dans ce contexte international, notre modèle social devient de plus en plus coûteux et pèse sur la compétitivité prix des entreprises. Cette forme de compétitivité conduit les États à considérer les salaires comme des coûts et non comme la condition de leurs débouchés. Il en va de même pour la protection sociale considérée à tort comme une charge grevant la compétitivité. Cette course à la compétitivité-prix ne peut se développer qu'au prix d'une baisse du coût du travail donc soit par une baisse des salaires ou des cotisations sociales.

2. La réaction au libre échange : le protectionnisme

Devant de telles menaces provoquées par le libre échange, certains pays ont recours à des mesures protectionnistes, y compris les pays les plus « libéraux » comme les États-Unis par exemple.

Quelles sont ces mesures ? Et quelles sont les raisons et les risques de leur application ?

- **<u>Définition du protectionnisme</u>**

C'est une politique économique qui se caractérise par la mise en place par un pays, d'obstacles au développement des échanges extérieurs. Il ne doit pas être confondu avec l'autarcie qui correspond à l'absence totale d'échanges d'une Nation avec l'extérieur. Il vise ainsi à favoriser la production nationale et à décourager la concurrence étrangère. Comment ?

- **<u>Les instruments du protectionnisme</u>**

Pour protéger le marché national et réindustrialiser l'économie, plusieurs instruments existent et peuvent être mis en œuvre.

Certains sont condamnés et ne peuvent être mis en application à l'échelle européenne en raison du marché unique européen.
D'autres, moins visibles, sont largement utilisés.

Deux formes peuvent être distinguées :

- **Les barrières tarifaires**

Le protectionnisme tarifaire consiste à renchérir les importations grâce aux droits de douane ou encore par la TVA sur les produits importés.

Les droits de douane :

Ce sont des taxes prélevées par l'État sur les marchandises lors de leur passage à la frontière. Ces barrières douanières consistent donc à renchérir les prix des produits importés.

De telles mesures sont interdites au sein de l'Europe en raison de l'union économique entre les États européens qui a instauré, depuis 1993, un marché unique (acte unique signé en 1986) dans lequel les marchandises, les capitaux et les personnes circulent librement entre les pays membres de l'Europe. Cette libre circulation s'est renforcée avec l'entrée en vigueur de la monnaie unique, **l'Euro** (1999).
Elles pourraient toutefois être applicables au niveau de l'Europe si telle était la volonté politique des institutions européennes.
Les droits de douane ne peuvent augmenter, sauf pour des périodes limitées et sous condition que le pays procédant à ces hausses les justifie par le fait que la concurrence étrangère est déloyale et faussée. Mais qu'est-ce qu'une concurrence loyale et non faussée au niveau international ?
L'O.M.C. (Organisation mondiale du commerce) fixe les grands principes de cette règle de concurrence commerciale, mais ne les fait jamais respecter à défaut de règles communes internationales dans les domaines de l'environnement et du social (exemple du dumping social et monétaire de la Chine faussant la concurrence internationale).
En revanche, si les bas prix à l'exportation de certains pays proviennent du non respect des droits sociaux élémentaires ou de pratiques industrielles destructrices de la planète, une taxe à l'entrée du type taxe sociale ou carbone permettrait de sanctionner les pays irrespectueux et de faire progresser des règles bénéfiques au bien commun. L'égoïsme de chaque Nation ne fait pas l'intérêt de toutes les Nations. La crainte de la réciprocité empêche la mise en œuvre de telles taxes. Voilà une fois de plus la preuve que le libre échange comporte des effets pervers que l'on cherche à dissimuler au nom de la sacro sainte loi de la concurrence.

La TVA « sociale » : (mesure rejetée en France en juillet 2012).

Elle consiste à transférer sur les consommateurs des cotisations payées par les entreprises pour financer la protection sociale par une hausse de la TVA, afin de restaurer la compétitivité - prix. Ce qui devrait permettre en théorie de réduire le coût du travail, de renchérir les prix des produits importés et de baisser les prix des produits exportés, à condition que cette baisse soit répercutée sur les prix de tous les produits. (fig.4)

- **Les barrières non tarifaires**

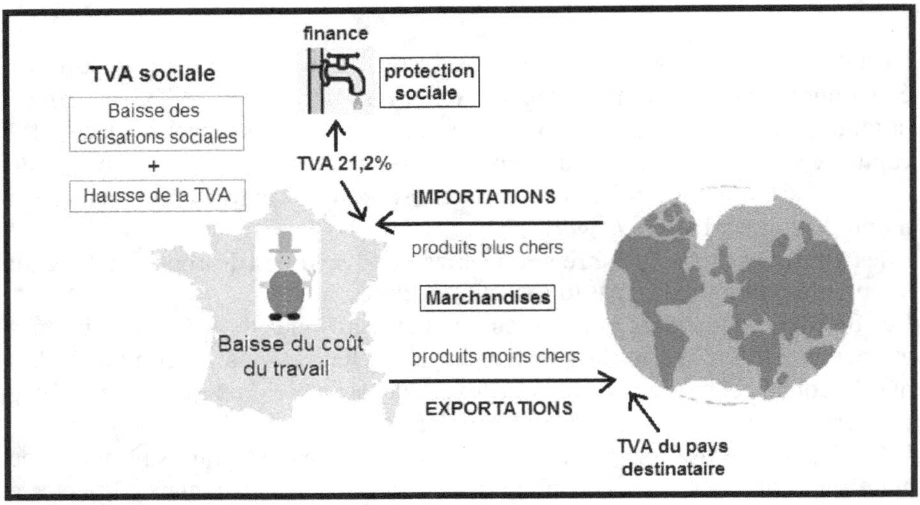

(fig.4)

Le protectionnisme non tarifaire (protectionnisme dit « invisible ») vise à limiter les produits importés à partir de plusieurs mesures :

Les contingentements : quotas d'importations qui fixent des limites quantitatives maximales de marchandises importées. Ces mesures sont généralement interdites, mais elles demeurent tolérées lorsqu'elles font l'objet d'un accord bilatéral entre les États concernés (cela a été le cas de l'AMF Accord Multifibre Français pour le secteur du textile).

Les barrières techniques et réglementaires : les normes techniques, sanitaires ou des règles de sécurité et d'hygiène dissuasives, constituent des entraves aux produits importés qui doivent les respecter pour pouvoir pénétrer sur le territoire. De même, des règles environnementales et administratives conçues de manière à empêcher l'accès de certains produits étrangers au marché national freinent les importations.

Les subventions à l'exportation : ces subventions, versées par l'État aux entreprises exportatrices, permettent à ces entreprises nationales de réduire artificiellement leurs coûts et donc d'abaisser leurs prix afin d'être plus compétitives (exemple : Airbus, Boeing, le coton des États-Unis).

Le dumping monétaire et le dumping social : le premier consiste à maintenir la parité d'une monnaie nationale à un cours artificiellement bas par rapport à d'autres devises pour être davantage compétitif. En effet, cette forme de dévaluation monétaire favorise provisoirement les exportations, devenues moins chères. Quant au second, il consiste à vendre à des prix très bas, en ne respectant ou n'appliquant aucune règle sociale, ou en accordant des salaires très faibles ou inférieurs au minimum vital (exemple : la Chine et les autres pays émergents comme l'Inde...).

- **Les justifications et les risques du protectionnisme**

Même si la pensée libérale dominante aujourd'hui est largement favorable au libre-échange, il semblerait qu'à cause de la crise de 2O11, l'Europe verrouillée par une austérité généralisée puisse rétablir un protectionnisme. Avec un déficit commercial qui a atteint les 7O milliards d'euros et celui de l'industrie qui a dépassé les 30 milliards d'euros en 2O11, la France vient de battre un record de déficits extérieurs. Elle pourrait être tentée par des mesures protectionnistes afin de se réindustrialiser et sauver des emplois.

Alors, face à cette dégradation extérieure le recours au protectionnisme serait-il justifié ? Et quels pourraient en être les risques ?

- **Les justifications du protectionnisme**

Le protectionnisme est justifié pour permettre le développement et la relocalisation des industries qui seraient menacées par la concurrence étrangère et qui pourraient se délocaliser, mettant ainsi en péril la croissance et l'emploi.

Friedrich LIST (1789-1846) : A travers la théorie du **protectionnisme éducatif**, il démontre les limites et les dangers du libre échange ainsi que de la spécialisation internationale qui en découle. Il développe l'idée selon laquelle l'État doit mettre en place des mesures protectionnistes pour protéger de la concurrence, les industries naissantes, le temps qu'elles construisent leurs avantages comparatifs afin d'affronter la concurrence internationale.

On peut retenir deux grandes raisons justifiant le recours au protectionnisme :

<u>Les raisons économiques</u> :

Protéger les industries ou les entreprises naissantes qui n'ont pas encore les moyens d'affronter la concurrence internationale, mais aussi celles vieillissantes qui sont en cours de restructuration et donc fragilisées.

Développer et renforcer les industries des pays et les ancrer sur le territoire.

Sauver et créer des emplois dans les secteurs concurrencés par des pays dont la main d'œuvre est peu coûteuse.

Reconquérir le marché intérieur et relocaliser les entreprises ou les aider à pénétrer un marché.

Rendre l'échange plus équitable car le libre échange ne profite pas équitablement à tous les pays. L'échange entre les pays développés et les pays en développement est très souvent inégal. Les termes de l'échange des PVD (Pays en voie de développement) « pays pauvres » se dégradent par rapport aux pays « riches ». Ils sont obligés de produire et d'exporter plus pour pouvoir importer la même quantité. Les gains de l'échange tant vantés par les tenants du libre échange, au lieu d'être mutuels, ne profitent qu'à un seul.

Le protectionnisme est donc nécessaire, malgré le dogme du libre échange qui cherche toujours à le bannir. Il ne peut cependant pas, à lui seul, être un projet d'ensemble. Il n'est qu'un moyen et non une finalité. Il n'est qu'un instrument d'une politique économique qui doit chercher à développer l'industrie du pays et pérenniser son modèle social. C'est pourquoi le protectionnisme se justifie aussi pour des raisons non économiques.

Les raisons sociales et juridiques :

Défendre les intérêts particuliers de certains agents économiques comme par exemple ceux des agriculteurs.

Préserver le modèle social : le protectionnisme peut être un moyen de maintenir le modèle social performant d'un pays qui serait concurrencé par des pays à bas salaires dans lesquels il n'y a aucune protection sociale. La concurrence nivèle toujours par le bas lorsqu'il s'agit d'améliorer la compétitivité-prix, y compris les progrès sociaux. Elle considère la protection sociale comme une charge et non comme une richesse (c'est le cas de la France qui doit faire face à des concurrents y compris au sein de l'Europe ayant une protection sociale très rudimentaire voire parfois inexistante et pouvant casser ainsi les prix).

Protéger les consommateurs : grâce au respect des normes de sécurité, d'hygiène ou environnementales, mais aussi grâce au principe de précaution, certains produits ne peuvent pas pénétrer sur le territoire ou se voient interdits (OGM…).

Ces pratiques protectionnistes doivent permettre la mise en œuvre des politiques industrielles s'appuyant sur des stratégies de différenciation par la qualité des produits, encourageant le développement de l'innovation, la recherche et développement, ainsi que la compétence professionnelle valorisant désormais le travail, considéré comme la condition des débouchés et non plus comme un coût. Le protectionnisme éducatif ne peut sauver l'économie d'un pays que s'il permet de construire ou de consolider les bases de la production (*comme l'a bien évoqué Denis CLERC dans un article de la revue Alternatives Economiques hors série n°92*). Sinon, il pourrait faire plus de mal que de bien.

Serait-il une arme dangereuse ?
Pour les libéraux, les effets du protectionnisme sont globalement néfastes pour les économies. Alors quels sont les risques du protectionnisme ?

- **Les risques du protectionnisme**

La tentation protectionniste est grande afin d'enrayer le déclin industriel ou de réduire le déficit extérieur. Mais les risques doivent être mesurés.

Quels sont ces risques ? Et qui les encourt ?

<u>Des risques pour l'économie nationale</u> :

Le protectionnisme freinant les échanges, et de fait la concurrence, ralentit l'innovation et la recherche. Il devient ainsi un frein au développement économique et pénalise la croissance.
Face à moins de concurrence, le système productif vieillit et prend du retard technologique. Et, à long terme, il pénalise la compétitivité hors prix et menace l'emploi qualifié.
Devant de tels obstacles aux échanges, les autres pays pourraient prendre à leur tour, des mesures de rétorsion, ce qui réduirait davantage les échanges entre les Nations et contribuerait à un ralentissement de la croissance.

<u>Des risques pour les entreprises</u> :

Moins de débouchés extérieurs, donc diminution de leur activité car les carnets de commandes sont moins remplis. Les entreprises peuvent voir leurs profits baisser ainsi que leurs investissements. Elles sont moins incitées à innover face à une concurrence affaiblie.

<u>Des risques pour les consommateurs</u> :

Les produits importés taxés sont plus coûteux. Ils provoquent une perte du pouvoir d'achat des ménages les plus fragiles, accentuent les inégalités entre ceux qui ont une propension forte à consommer et ceux qui ont une propension forte à épargner.
Le choix de consommation des consommateurs se trouve limité sur le marché.

CONCLUSION :

On peut se poser la question suivante : un pays industrialisé doit-il s'interdire tout recours à des mesures protectionnistes ? Depuis quelques années, on assiste paradoxalement à une recrudescence du protectionnisme et à un élargissement du libre échange sous l'égide de l'O.M.C. (Organisation mondiale du commerce).

Le protectionnisme prend surtout la forme de mesures non tarifaires et s'applique davantage dans les secteurs agricoles et des services. Il devient de moins en moins perceptible notamment avec la pratique du *dumping monétaire* de certains États (exemple de la Chine).
L'ouverture sur l'extérieur repose sur les bienfaits du libre échange donc sur son efficacité. Cependant, pour apprécier le libre échange il faut aussi pouvoir mesurer les échanges extérieurs. Mais comment ?

2) La mesure des échanges extérieurs

a) A partir de la balance des paiements

1. Définition de la balance des paiements

La balance des paiements est un document comptable qui enregistre toutes les opérations commerciales et financières effectuées entre les résidents d'un pays et les non résidents, pour une période donnée. Elle retrace dans divers comptes tous les paiements reçus du reste du monde (entrée de devises) et tous les paiements versés au reste du monde (sortie de devises).

2. L'architecture de la balance des paiements

- **La balance des transactions courantes**

Elle enregistre les échanges de marchandises (biens), de services entre les États, les revenus avec l'étranger et les transferts courants (contribution au budget européen, aides aux États par exemple). (fig.5)

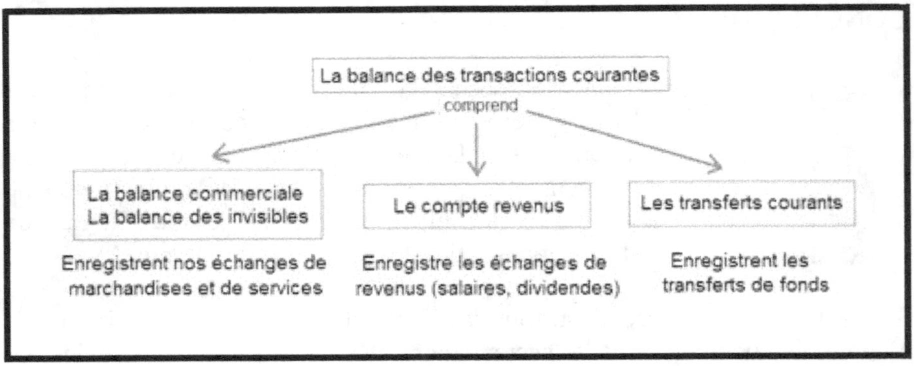

(fig. 5)

- **Les échanges de marchandises**

Les échanges de marchandises sont comptabilisés dans le compte biens (souvent intitulé balance commerciale).

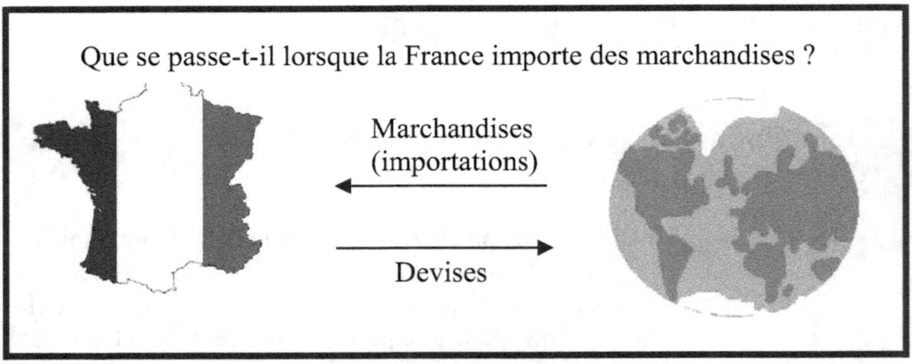

(fig. 6)

Lorsque la France importe, il y a une entrée de marchandises sur le territoire qui provoque en contrepartie une sortie de devises (dans le schéma des dollars). Donc les importations entraînent une sortie de devises (-), ce qui fait diminuer nos avoirs en devises. (fig. 6)

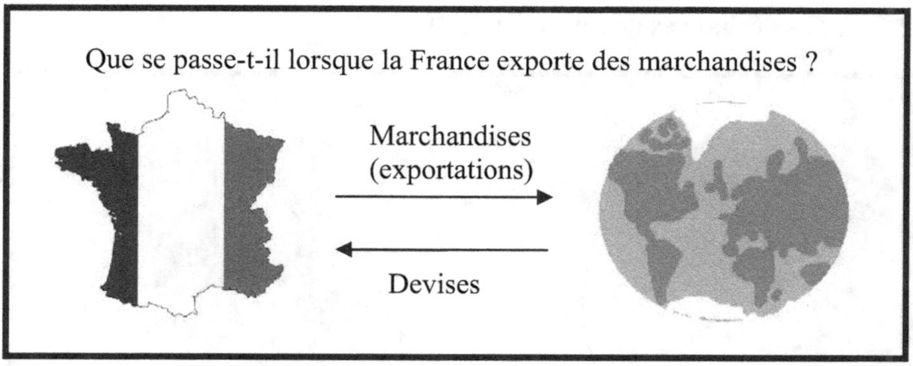

(fig.7)

Lorsque la France exporte, il y a une sortie de marchandises sur le territoire qui provoque en contrepartie une entrée de devises (des dollars dans notre schéma). (fig.7)
Les exportations entraînent une entrée de devises (+), ce qui fait augmenter nos avoirs en devises et nous permet de financer nos importations.

Donc, dans la balance commerciale (compte biens) nous enregistrons les **importations** de marchandises au **débit** et les **exportations** de marchandises au **crédit. Si les importations sont supérieures aux exportations, la balance commerciale est déficitaire** (exemple du commerce extérieur de la France depuis 2005). (fig.8)

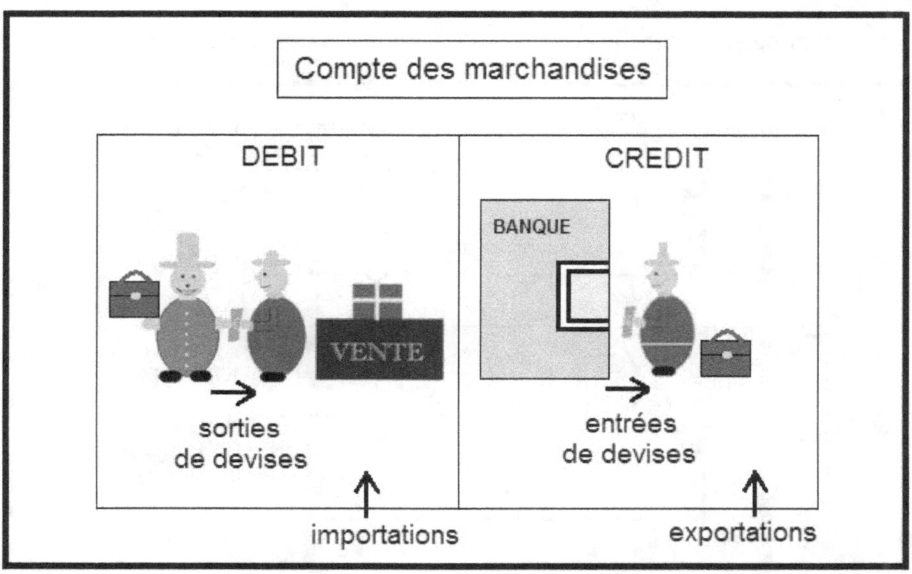

(fig.8)

- **Les échanges de services (fig.9)**

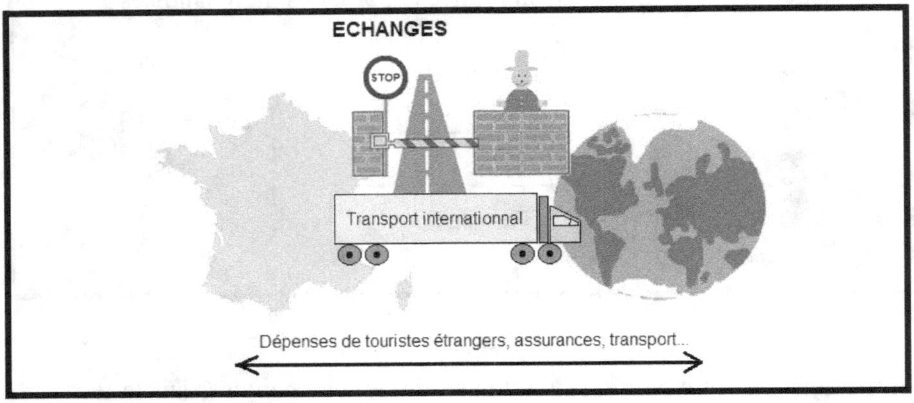

(fig.9)

Importations de services = sorties de devises donc baisse des avoirs en devises (-). Exportations de services = entrées de devises donc augmentation des avoirs en devises (+).
Ils sont enregistrés dans le compte des services de la même manière que celui du compte des biens (marchandises). Ces deux comptes déterminent notre balance commerciale.

- **Les échanges de revenus et les transferts courants (fig.10)**

Ils sont enregistrés dans les comptes de revenus et transferts courants.

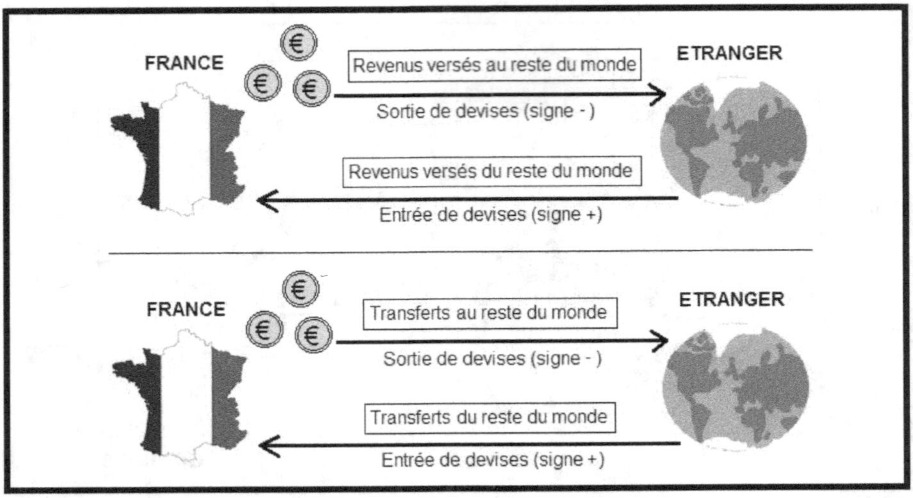

(fig.10)

Ces quatre opérations (marchandises, services, revenus et transferts courants) sont enregistrées dans la balance des transactions courantes ou compte des transactions courantes.
(Nous avons laissé volontairement de côté le compte capital car dans l'étude des échanges, seuls les comptes transactions courantes et compte financier sont généralement retenus pour les évaluer.).

- **<u>Le compte financier</u>**

Il comptabilise les opérations financières à long terme tels que les investissements directs de l'étranger en France et les investissements directs de la France à l'étranger, c'est-à-dire les créations de filiales à l'étranger, les délocalisations, les fusions d'entreprises…

Il enregistre aussi les opérations financières à court terme comme les achats et ventes de titres financiers entre les pays qui sont des investissements de portefeuille.

Les investissements directs à l'étranger (délocalisations, création de filiales…) entraînent une sortie de devises ou de capitaux (-). Par contre, les investissements de l'étranger en France entraînent une entrée de devises (+).

Les achats de titres financiers (actions, obligations…) à l'étranger provoquent une sortie de capitaux (-), alors que les ventes de titres financiers provoquent une entrée de capitaux (+). (fig.11)

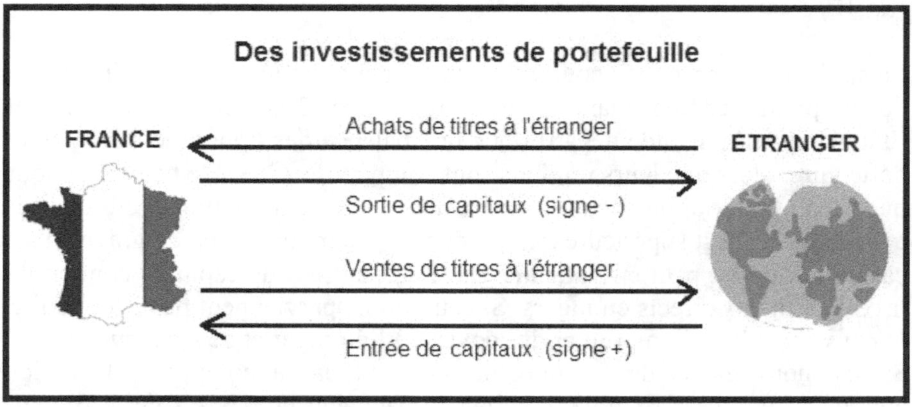

(fig.11)

Donc une fois toutes ces opérations enregistrées dans les divers comptes, il faut les solder pour obtenir la balance des paiements globale. (fig.12).

Les différents soldes de la Balance des paiements

1) Compte des transactions courantes **+**
- Solde des Biens
- \+ Solde des Services
- \+ Solde des Revenus
- \+ Solde des Transferts courants

= Solde des transactions courantes

2) Compte de capital **+**
- Solde des Transferts
- \+ Solde des Acquisition d'actifs

= Solde de capital

3) Compte financier **+**
- Solde des Investissements directs
- \+ Solde des Investissements de portefeuille
- \+ Solde des Autres investissements
- \+ Solde des Avoirs

= Solde financier

+ 4) Erreurs et omissions = Balance globale

(fig.12)

Le solde des transactions courantes peut être interprété comme un indicateur de compétitivité. Cependant, il faut le relativiser. En effet, par exemple, les États-Unis ont un solde négatif donc une balance des transactions courantes déficitaire, alors que leurs produits sont compétitifs. Ce solde négatif indique que les importations sont supérieures aux exportations et que la consommation est supérieure à la production intérieure. Rien de grave en soi car un tel déficit peut être atténué grâce aux entrées de capitaux comme les investissements directs étrangers. Si ceux-ci ne parviennent pas à le réduire, le pays est obligé d'emprunter des devises à l'étranger et de s'endetter.

Si les mouvements de capitaux ne suffisent pas à compenser le déficit courant, celui-ci peut-être comblé par le paiement en devises de la Banque Centrale qui diminue ses avoirs en réserve. Il peut aussi être réduit par les taux d'intérêt et taux de change. Une hausse des taux d'intérêt permet

d'attirer et de faire rentrer des capitaux, ce qui permettrait au compte financier de couvrir le solde négatif du compte courant.
La position extérieure est également influencée par le niveau du taux de change. Une baisse de celui-ci améliore la compétitivité des produits exportés, mais d'un autre côté, renchérit les prix des importations. Le taux de change est une arme à double tranchant.

b) Les principaux indicateurs du commerce extérieur

1. **Les indicateurs** (fig.13)

(fig.13)

2. Leur signification

Taux de couverture = valeur des exportations / valeur des importations X 100.
Il permet de vérifier si nos exportations couvrent nos importations et donc peuvent les financer.

Termes de l'échange = indice des prix à l'exportation / indice des prix à l'importation X 100.
Il mesure le pouvoir d'achat des exportations. Ainsi s'il se détériore, cela signifie qu'il faut exporter plus pour obtenir la même quantité importée.

Taux d'ouverture = ½(exportations+importations) / PIB X 100.
Il mesure le degré d'ouverture sur l'extérieur et évalue l'interdépendance des économies.

Taux de pénétration = Importations / Marché intérieur X 100.
Il indique, pour un produit, la part de marché intérieur qui est d'origine étrangère.

CONCLUSION :

Les perspectives de la production et du commerce mondial ont été quelque peu assombries par la crise financière Asiatique (1997), par le 11 Septembre 2001 aux États-Unis, et par la crise financière (subprimes) de 2008, suivie de celle des dettes souveraines de 2010-2011.
Ces phénomènes ont freiné la croissance mondiale.
Ceci nous montre les risques d'une interdépendance des économies.

Les échanges internationaux, pour profiter à toutes les nations, doivent être organisés selon les règles du libre échange.

Mais comment ? Et qui doit les faire respecter ? Comment organiser les échanges commerciaux internationaux dans l'intérêt de chaque nation ?

II- L'organisation des échanges internationaux

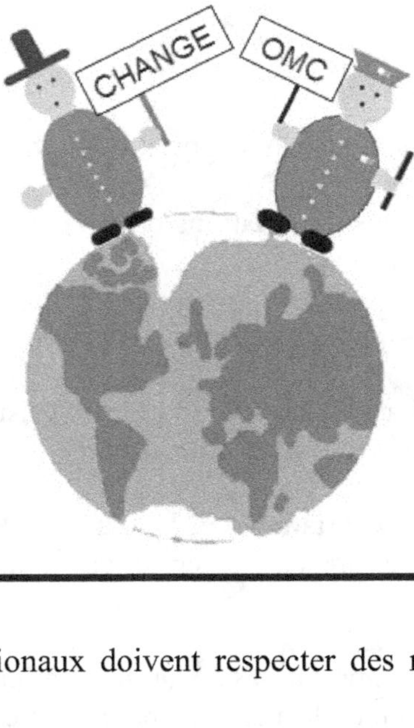

Les échanges internationaux doivent respecter des règles commerciales et des règles monétaires.

1) L'organisation commerciale des échanges internationaux

La plupart des pays ont adopté la doctrine du libre échange pour construire leurs relations commerciales. Il est rare toutefois que tous les pays acceptent d'ouvrir leurs frontières aux produits étrangers sans contrepartie de la part des autres pays. Il faut pour cela qu'ils acceptent certaines règles commerciales facilitant la libre circulation des marchandises ou des services et que celles-ci soient réciproques.
A partir de 1930, le recours au protectionnisme avait largement contribué à aggraver la crise de 1929. Or après la seconde guerre mondiale, le monde était dévasté, il fallait reconstruire et réorganiser les économies sans qu'elles se protègent d'une manière excessive afin d'éviter un retour au protectionnisme d'avant-guerre. Il devenait donc nécessaire d'organiser les échanges internationaux au niveau commercial. Mais comment ?
Il s'agissait de trouver une organisation commerciale favorisant les échanges indispensables à la croissance et facilitant la reconstruction des économies dévastées par la guerre. En 1947, les pays occidentaux, soucieux de ne pas retomber dans les pratiques protectionnistes des années 30, ont conclu un accord général sur les tarifs douaniers et le commerce : le **G.A.T.T.** (Général Agreement on Tariffs and Trade), dans la perspective de libéraliser les échanges en abaissant les taxes douanières.

Cette organisation conventionnelle des échanges commerciaux entre les pays permettait de réduire progressivement les barrières douanières et d'encourager les échanges commerciaux. Les États fixaient leurs règles commerciales en négociant et les appliquaient grâce à des accords bilatéraux ou multilatéraux. Ces cycles de négociations entre les pays signataires permettaient d'élaborer le cadre d'une libéralisation progressive de leurs échanges. L'ensemble de ces accords a incontestablement favorisé l'essor du commerce international ainsi que celui de la croissance économique mondiale. Face à l'essor des échanges commerciaux, à la multiplication des accords et des cycles de négociations, il devenait de plus en plus nécessaire de mettre en place une organisation institutionnelle capable de réglementer et de réguler le commerce mondial. C'est ainsi que le 1/01/1995 fut créée l'O.M.C. (Organisation mondiale du commerce), qui a succédé au GATT.

a) L'O.M.C.

La création de l'OMC est le résultat d'un long processus qui a permis de libéraliser le commerce entre les pays.

1. Définition

L'OMC est une institution internationale qui a remplacé le GATT en 1995, composée des pays membres (159 pays au 2 mars 2O13) se situant à GENEVE (Suisse). Elle est chargée de veiller au respect des règles du libre échange et d'arbitrer les conflits commerciaux entre les Nations. (fig.14)

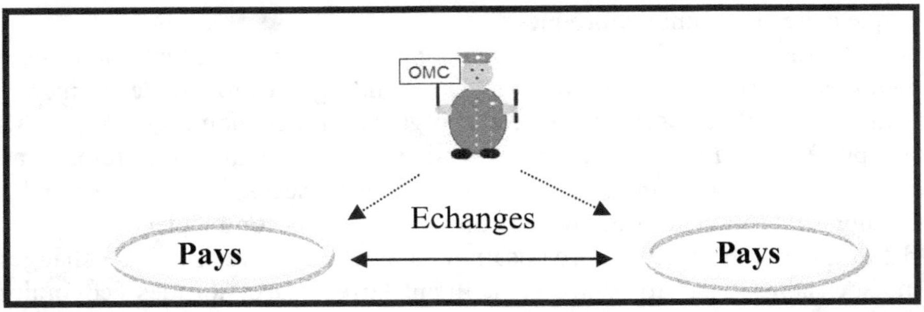

(fig.14)

2. Ses missions

- Développer et étendre le libre échange aux marchandises et aux services donc réduire les obstacles au commerce.

- Fixer les règles de bonne conduite du commerce de manière à ne pas avantager un pays au détriment d'un autre, ce qui implique la non discrimination et la réciprocité des avantages accordés à chaque pays.

- Appliquer le multilatéralisme, c'est-à-dire si un avantage commercial est appliqué à un État (clause de la Nation la plus favorisée), il doit être étendu à tous les États afin d'éviter toute discrimination.

- Organiser les cycles de conférences (rounds) pour libéraliser les échanges, les étendre aux services et dans d'autres domaines protégés (les produits agricoles, la propriété industrielle, la culture, l'éducation….). Elle recherche ainsi à réduire l'intervention de l'État en économie au profit du marché. L'intérêt individuel prime sur l'intérêt public. Tout peut être soumis aux lois du marché même les biens publics, qui jusqu'à présent échappent au marché car ils sont considérés comme des droits et non comme des marchandises. La logique libérale qui fixe le cadre des missions de l'OMC, cherche à transformer ainsi tous les biens ou services en marchandises (exemples : la santé, l'éducation, la culture).

- Régler les différends commerciaux entre les États. L'Organe de règlement des différends est chargé de résoudre les conflits commerciaux à la demande des États lésés.

b) Les enjeux de l'O.M.C.

1. Avantages

- Elle permet d'organiser les échanges internationaux.

- Elle facilite les échanges et donc contribue à la croissance mondiale.

- Elle arbitre les conflits commerciaux, fixe les règles qui évitent les guerres commerciales et les mesures protectionnistes sévères. Les pays qui ne respectent pas les règles de la concurrence loyale peuvent être condamnés.

2. Inconvénients

- Les pays pauvres se sentent pénalisés par le libre échange trop souvent proche de la loi du plus fort.

- Dominance des États-Unis au sein même de l'OMC. Le protectionnisme des pays du Nord perdure. Les exportations subventionnées des pays riches faussent la concurrence et pénalisent les pays en développement (exemple du coton, des produits agricoles…). Ce qui est en contradiction avec les principes annoncés par l'OMC.

- Absence de norme sociale et environnementale dans les règles commerciales des échanges. Ce qui génère des externalités négatives mettant en péril la planète entière.

- Ecarts importants entre les bienfaits annoncés de la mondialisation commerciale et les faits économiques. La répartition des richesses devient de plus en plus inégalitaire entre les pays riches et les pays pauvres.

CONCLUSION :

L'OMC permet donc d'organiser et d'arbitrer les relations commerciales entre les États. Elle contribue à faire plus ou moins respecter les règles du libre échange et étend ses principes dans les domaines des services (tourisme, assurances, banques, culture, droits de propriété industrielle...).

Mais, elle reste un arbitre soumis au pouvoir des pays riches. Les pays du Sud sont trop souvent marginalisés au sein de l'OMC.

Cette institution reste toutefois nécessaire pour éviter que trop de différends commerciaux se nouent entre les Nations. Cependant, elle ne possède pas réellement le pouvoir de sanctionner les pays, qui sans normes sociales et environnementales, faussent les règles commerciales (cas de la Chine adhérente à l'OMC par exemple).

Il est donc difficile d'organiser les échanges au niveau mondial. Cette institution doit se réformer pour mieux réglementer les échanges commerciaux.
Finalement, pour que le libre échange puisse profiter à tous les participants, il ne suffit pas de l'organiser commercialement mais il faut l'organiser monétairement. Comment ? Et laquelle ?

2) L'organisation monétaire des échanges internationaux

Le développement des échanges internationaux entraîne l'intensification des flux monétaires entre les Nations. Plus ces flux sont nombreux, plus ils doivent être organisés.

Mais comment ?

Il faut que chaque Nation puisse régler ses échanges extérieurs en convertissant sa propre monnaie en monnaie étrangère (devise) grâce à un mécanisme de change des monnaies. (fig.15)

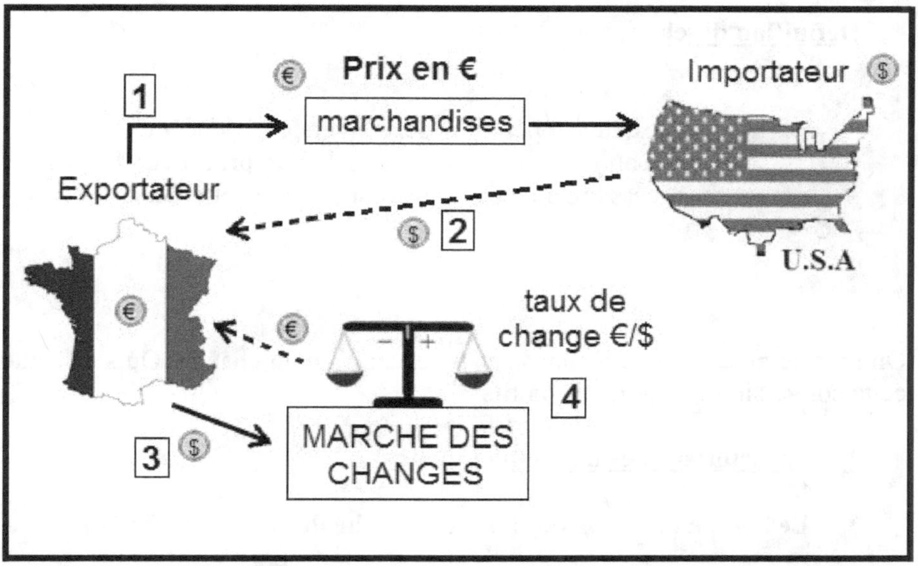

(fig.15)

Pour effectuer des échanges, il faut pouvoir les régler en convertissant la monnaie nationale en une monnaie étrangère et réciproquement. Cette conversion s'effectue sur le marché des changes moyennant un prix : le taux de change.

Qu'est-ce que le change ?

Quelles sont ses caractéristiques ?

a) Le change et ses mécanismes

1. Définition et caractéristiques du change

- <u>**Définition du change**</u>

C'est une opération de conversion d'une monnaie dans une autre monnaie (devise) selon un prix (taux de change) nécessaire à un échange économique entre deux pays.

On peut se poser deux questions sur le mécanisme du change. Où s'effectue cette conversion ? Pour quels motifs ?

- <u>**Les caractéristiques du change**</u>

  - **Le lieu de cette conversion : le marché des changes (fig.16)**

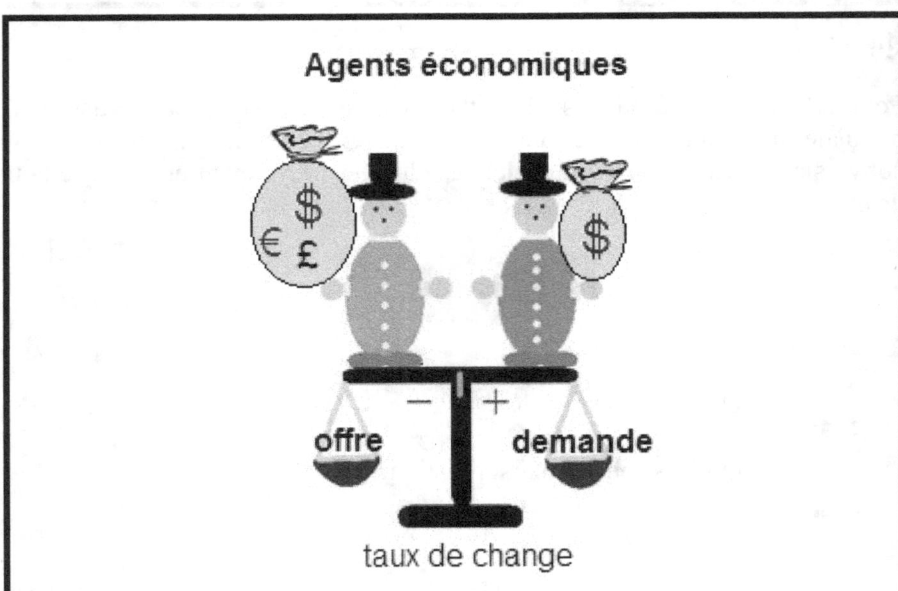

(fig.16)

C'est un lieu virtuel où s'échangent les différentes monnaies (devises) entre elles, en fonction des offres (ventes) et des demandes de monnaie (achats) des agents économiques (entreprises, ménages, banques) et où se fixe librement, à partir des offres et des demandes, le taux de change d'une monnaie par rapport à une autre. On parle dans ce cas de système de change flottant.
Le taux de change varie selon le niveau des offres et des demandes, ce qui fait courir des risques dans les échanges, notamment lorsque le paiement se fait à terme.

- **Les motifs de change**

On peut dire qu'il y a trois grandes raisons qui justifient le recours au change.

La première s'effectue lorsque les agents économiques d'un pays exportent et importent des biens et services avec d'autres pays.
La seconde a lieu lors d'échanges de capitaux avec l'étranger : investissements ou placements financiers (investissements de portefeuille).
Enfin, la dernière se réalise à travers la spéculation des agents économiques qui parient sur les variations du taux de change, soit pour anticiper une hausse, soit une baisse dans un système de change flottant.
Les banques centrales peuvent intervenir sur le marché des changes lorsque leur monnaie est menacée ou attaquée à la baisse ou à la hausse, en modifiant le niveau du taux d'intérêt.

La valeur de la monnaie exprimée à travers le taux de change varie sur le marché des changes. Lorsque le taux de change monte, la monnaie s'apprécie, elle devient plus forte par rapport à une autre monnaie (exemple de l'euro par rapport au dollar en 2008), et inversement, lorsque le taux de change diminue, la monnaie perd de sa valeur, elle se déprécie par rapport à une autre. La valeur d'une monnaie n'est donc pas définitive.

Plusieurs facteurs influencent son niveau.

Lesquels ?

2. Les facteurs influençant le niveau du taux de change (fig.17)

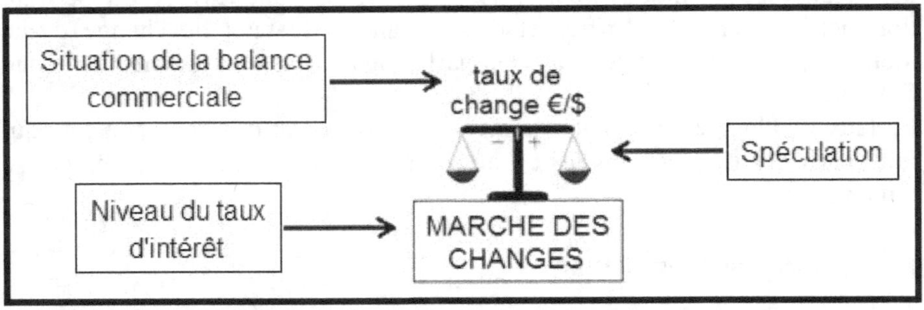

(fig.17)

- **La situation de la balance commerciale**

L'état du commerce extérieur influence directement le niveau du taux de change de la monnaie (par exemple l'euro). En effet, si la balance commerciale est déficitaire, c'est-à-dire que les exportations sont inférieures aux importations, les sorties de devises sont supérieures aux entrées de devises. Dans ce cas là, il va falloir offrir des euros pour se procurer des devises afin de payer les importations qui sont devenues plus fortes. Sur le marché des changes, l'euro sera donc plus offert que demandé, donc selon les mécanismes de l'offre et de la demande, le prix de l'euro (son taux de change) va baisser car l'offre est supérieure à la demande. La monnaie se déprécie, elle perd de sa valeur à cause de ce déficit commercial.
Par contre, dans le cas d'un excédent commercial c'est l'inverse. Le taux de change monte, l'euro s'apprécie.
Le taux de change dépend de la situation commerciale extérieure.

- **Le niveau des taux d'intérêt**

La Banque Centrale Européenne fixe le niveau des taux d'intérêt. Si celui-ci est élevé, cela va attirer des capitaux extérieurs à la recherche de rentabilité plus forte. Ces capitaux étrangers vont être convertis sur le marché des changes. Dans ce cas, l'euro sera demandé sur le marché du change en contrepartie d'une offre de devises, et si la demande devient plus forte que l'offre, le taux de change de l'euro va monter. L'euro s'apprécie. Et inversement, si le niveau des taux d'intérêt baisse, les capitaux vont sortir pour trouver des rendements meilleurs à l'étranger. Cette sortie provoque une offre d'euros sur le marché des changes en contrepartie d'une demande de devises car il faut convertir les euros en devises. L'euro étant plus offert que demandé, le taux de change diminue. La monnaie se déprécie sur le marché.

- **La spéculation**

Elle influence, soit à la hausse ou à la baisse, le niveau du taux de change. Mais tout dépendra de sa force pour anticiper une variation de la monnaie. Les parieurs voulant faire monter le taux de change de l'euro par exemple, devront acheter donc demander des euros sur le marché des changes. Ils feront l'inverse pour anticiper une baisse.

b) L'organisation monétaire des échanges internationaux : Le Système Monétaire International

La nécessité de mettre en place des règles monétaires s'est faite sentir au lendemain de la seconde guerre mondiale afin de faciliter les échanges internationaux et d'éviter les désordres monétaires de l'entre-deux guerre.
Les échanges de biens, de services et de capitaux entre les pays qui utilisent des monnaies différentes nécessitaient la mise en place de règles monétaires définissant la manière dont ces échanges seront réglés. C'était l'objet du SMI.
Le SMI (Système monétaire international) a évolué au fil du temps. Il a connu des périodes de stabilité jusqu'aux années 70, puis il est devenu instable après ces années. On peut même parler d'effondrement.

Comment fonctionnait ce système et pourquoi s'est-il transformé après les trente glorieuses ?

1. Définition et caractéristiques du S.M.I.

- **Définition**

Le système monétaire international est l'ensemble des règles, des institutions et mécanismes visant à organiser et à contrôler les échanges monétaires entre les pays.

- **Caractéristiques du S.M.I.**

En 1944 a eu lieu aux États-Unis une conférence des pays vainqueurs de la deuxième guerre mondiale, dans la ville de Bretton-Woods. Cette conférence a été le point de départ d'un nouvel ordre monétaire international. Après la guerre de 1939-1945, les économies avaient un besoin de stabilité, de règles internationales commerciales et monétaires pour que la reconstruction s'effectue dans de nouvelles conditions.

Alors comment restaurer une stabilité monétaire garantissant la croissance ?

- **Le système monétaire de Bretton-Woods (1944-1971)**

Ce système s'est construit autour du dollar. Mais comment ?

- Les objectifs des accords de Bretton-Woods :

Création d'un ordre monétaire international afin de stabiliser les monnaies et de garantir les échanges internationaux. Il s'agissait d'instaurer une discipline monétaire entre les États grâce à la mise en place de règles monétaires. Lesquelles ?

- Les règles mises en place :

Le système de Bretton-Woods comportait deux volets :

- Des droits à une assistance financière grâce à la création d'une institution monétaire supranationale le F.M.I. (Fond monétaire international) :

Cette institution jouait à la fois le rôle de gendarme en veillant au bon fonctionnement du SMI, et à celui de pompier en secourant les pays en difficulté ou en développement en leur accordant des crédits.
Elle continue à exercer encore ce même rôle aujourd'hui.

- Un code de discipline monétaire entre les États à travers des règles à respecter :

Deux règles majeures caractérisaient cette bonne conduite monétaire :

La règle de convertibilité : chaque pays avait le choix de fixer la parité de sa monnaie en or ou en dollar. Seuls les États-Unis ont choisi l'option de la convertibilité or du dollar sur la base de 35 dollars l'once d'or (31g). Donc seul le dollar était convertible en or car les États-Unis disposaient de 70% du stock d'or mondial depuis la première guerre mondiale.
Cette règle comportait une obligation pour les États-Unis de respecter l'équilibre entre la quantité d'or et la quantité de dollars circulant dans le monde. Il ne pouvait y avoir plus de dollars que d'or sinon la convertibilité or du dollar ne pouvait être assurée et le système ne pourrait plus fonctionner. (fig.18)

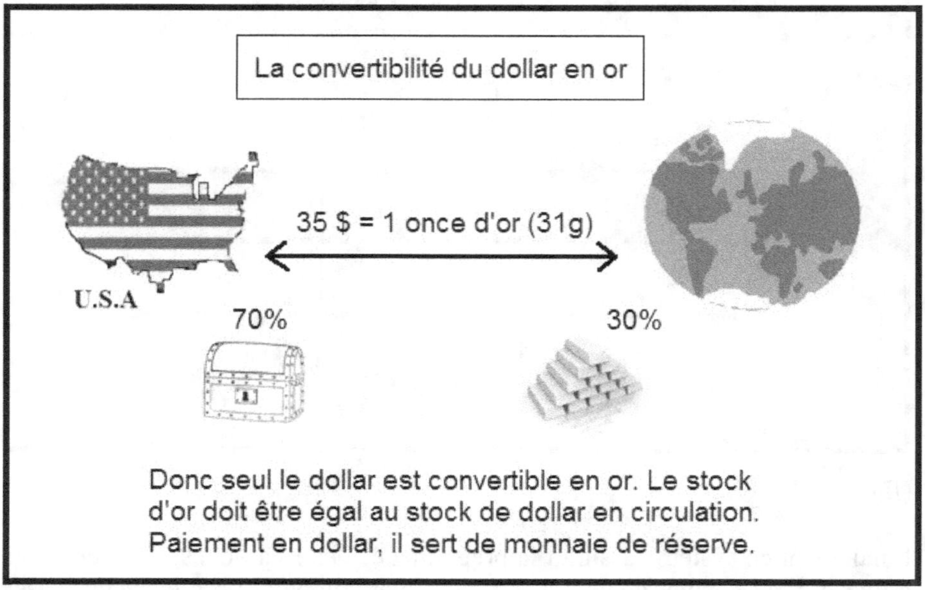

(fig.18).

La règle de fixité (change fixe) : l'instauration d'un système de change fixe

C'est-à-dire obligation faite aux banques centrales de maintenir la valeur de leur monnaie à l'intérieur d'une marge de fluctuation de plus ou moins 1% par rapport au dollar. Lorsque celle-ci dépasse ce seuil de 1% à la hausse ou à la baisse, la banque centrale se trouve obliger d'intervenir pour maintenir

sa monnaie dans ces marges de fluctuations, soit en achetant sa monnaie, ou soit en la vendant.
Tous les pays devaient mettre leurs réserves à contribution pour défendre leur monnaie à l'exception des États-Unis car le dollar avec l'or étaient à la base du système. (fig.19)
Ce système de change fixe a facilité la croissance économique mondiale pendant la période des trente glorieuses. Il a aussi réduit les effets néfastes de la spéculation financière durant cette période.
Aujourd'hui, un nouvel ordre monétaire mondial s'impose pour l'intérêt de tous les pays. Mais là, une fois de plus, l'intérêt individuel de chaque Nation prime sur l'ensemble. Et pourtant chacun y gagnerait à ce qu'il y ait une régulation internationale des monnaies.

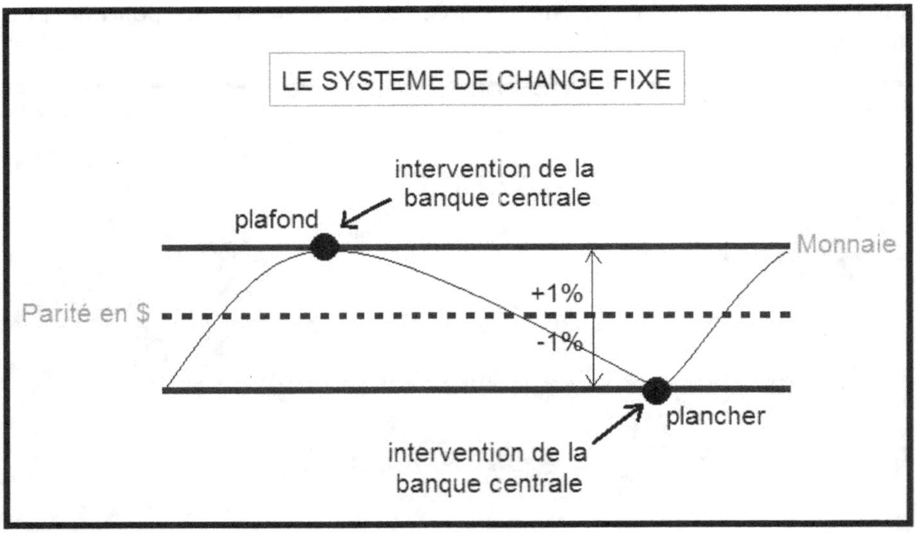

(fig.19)

Finalement ce système assurait la prééminence des États-Unis, donc celle du dollar qui est devenu depuis la liquidité internationale. Le dollar était aussi bon que l'or. Il était devenu le clone du métal jaune et peu à peu l'or s'est démonétisé au profit du dollar. Cette démonétisation de l'or a été une des causes de l'effondrement du système de Bretton-Woods.

Pourquoi un tel effondrement ? Le système comportait-il les germes de sa propre chute ?

2. L'effondrement du système et ses conséquences

- **<u>Les causes de l'effondrement</u>**

  - **La contradiction interne du système**

Elle représentait la faille du système. En effet, le fait que le dollar était à la fois une monnaie nationale et une monnaie internationale ne pouvait aboutir qu'à l'effondrement du système. Le dollar pour rester convertible en or devait ainsi rester limité au stock d'or, mais en tant que monnaie de paiement internationale devait aussi devenir abondant. Voilà la faille du système qui s'est aggravée à cause d'une mauvaise conjoncture de l'économie des États-Unis.

  - **La politique économique des E.U. durant les années 60.**

Les déficits extérieurs américains et le financement par la création monétaire de la guerre du Vietnam ont provoqué une abondance des liquidités au niveau mondial. Ces déficits se sont traduits par une accumulation de dollars dans les réserves des banques centrales non américaines. Cet accroissement des réserves internationales a brisé la confiance à l'égard du dollar. Les demandes de conversion du dollar en or devenaient de plus en plus nombreuses et ont entraîné une hémorragie des réserves en or des États-Unis afin de pouvoir assurer la convertibilité du dollar en or, jusqu'à ce que, malgré les élargissements des marges de fluctuations et des dévaluations du dollar, la convertibilité ne devienne plus possible. Ce qui fut le cas en 1971. Les tensions devinrent si fortes que le Président Nixon prit la décision de suspendre la convertibilité du dollar en or le 15 août 1971. Bretton-Woods était mort.

- **<u>Les conséquences de l'effondrement du système de Bretton-Woods</u>**

  - **Démonétisation de l'or**

L'or a perdu son rôle d'étalon. Il n'a plus de fonction monétaire internationale. Il est redevenu une matière première comme les autres avec toutefois cette particularité qui lui est propre : d'être toujours une valeur refuge. Il reste néanmoins encore aujourd'hui conservé par certaines banques centrales et par le FMI. Cette démonétisation de l'or a renforcé le pouvoir du dollar au niveau international, qui reste aujourd'hui toujours la monnaie internationale régissant les échanges internationaux.

- **Flottement des monnaies**

L'échec du système de Bretton-Woods s'est traduit par la mise en place du système de change flottant en 1973. Depuis le système monétaire est devenu un système de change flottant dans lequel le taux de change se fixe librement sur le marché en fonction de l'offre et de la demande. Il a favorisé l'essor et le pouvoir des spéculateurs sur le marché des changes.
L'unité du système monétaire international a ainsi disparu. La forte volatilité des taux de change a fait perdre conscience aux autorités monétaires et politiques d'une nécessaire coopération internationale, malgré quelques tentatives à travers certains accords (accords du Plazza en 1985 et du Louvre en 1987) voire à travers certains sommets comme le G8 par exemple.

- **Création de zone de change entre certains pays**

Le meilleur exemple est celui de l'Europe. En effet, la création du système monétaire européen en 1979 s'est faite en réaction à cet effondrement afin de retrouver un certain ordre monétaire dans une échelle géographique beaucoup plus restreinte. Par la suite, l'Europe est allée encore plus loin dans ce processus monétaire, notamment en instaurant en 1999 une monnaie unique : l'euro. Nous reviendrons plus en détail sur cette construction monétaire dans le thème 3.

CONCLUSION :

L'effondrement du SMI de Bretton-Woods a encouragé la mondialisation financière en permettant une volatilité des taux de change et des capitaux. Ces mouvements de capitaux dans un système de change flottant amplifient les risques systémiques, gonflent la sphère financière et freinent les échanges commerciaux malgré le libre échange. Ils ralentissent la croissance en préférant les placements spéculatifs à l'investissement.
La libre circulation des marchandises et celle des capitaux ont accéléré le processus de la mondialisation de l'économie.

Mais qu'est-ce que la mondialisation de l'économie ? Représente-t-elle un progrès ou une menace pour notre économie ?

Réflexion et **D**ébat :

Compétitivité : un engrenage conflictuel !

Sans normes sociales et monétaires mondiales minimales, le libre échange fausse la concurrence et menace gravement les modèles sociaux des États industrialisés, et plus particulièrement celui de la France.
Dans le contexte international actuel, notre modèle social devient de plus en plus coûteux et pèse sur la compétitivité-prix des entreprises. Elles ont du mal à gagner des parts de marché avec des coûts de travail supérieurs à leurs concurrents étrangers.
Elles considèrent alors le salaire uniquement comme un coût, et non plus comme la condition de leurs débouchés.
Il en va de même pour la protection sociale considérée à tort, comme une charge grevant la compétitivité, et non comme une richesse nationale.

Face à la vivacité de la concurrence des pays émergents, et en particulier de la Chine qui affiche des coûts du travail très faibles en raison d'absence de protection sociale et pratiquant le *dumping* monétaire, nos industries du secteur textile et de l'équipement de la maison ont toutes fermé.
Et d'autres, se sont délocalisées provoquant la désindustrialisation de certaines régions, ou encore la disparition des filières industrielles, aggravant ainsi considérablement le chômage et le déficit du commerce extérieur.
Le coût du travail, serait à lui seul, responsable du déclin industriel et de la hausse du chômage.
Cette idée reçue conduit notre économie en quête de compétitivité dans une spirale conflictuelle entre les consommateurs et les salariés. Le chantage entre délocalisation ou réduction des salaires, pourrait bien vite devenir l'alternative au chômage.
Faudrait-il désormais accepter, au nom de la compétitivité, une modération des salaires ou une précarité sociale pour maintenir l'emploi sur le territoire ?
Cette recherche accrue de la compétitivité- prix par les entreprises à travers la dévalorisation du travail, tend à opposer les intérêts de ceux qui achètent aux intérêts de ceux qui produisent. Elles oublient que ce sont les mêmes qui produisent et qui achètent.
Ces entreprises appartenant à des grandes enseignes, voulant maintenir leur marge et satisfaire des clients dont les revenus sont comprimés en raison de la compétitivité, achètent des produits étrangers pour ensuite les distribuer sur le marché intérieur.

Le « *Made in China* » se substituerait ainsi au « *Made in France* ».
Les consommateurs n'auraient d'autre choix, pour maintenir leur pouvoir d'achat, que de préférer des produits importés aux produits fabriqués en France de meilleure qualité mais plus chers.
De plus, cette substitution est devenue désormais naturelle car la production française des biens domestiques a soit disparu, soit été fortement réduite. Les consommateurs sont donc contraints d'acheter des produits délocalisés au détriment de l'emploi en France.
En consommant des produits importés moins chers, les salariés en tant que consommateurs supprimeraient leurs emplois sans s'en rendre compte.

Cette course effrénée à la compétitivité, précarise le travail, incite les ménages à consommer moins cher, obligeant ainsi les entreprises à produire encore moins cher en comprimant davantage leurs coûts salariaux pour satisfaire les besoins des ménages.
Elle dresse ainsi les salariés contre les consommateurs.
Or, en oubliant que les salariés sont aussi des consommateurs, elle active ce rouage dans lequel les prix peu élevés conduisent à des salaires peu élevés, à une consommation fragilisée et à des emplois délocalisés faute de débouchés suffisants.
Elle enclenche cet engrenage conflictuel où plus de compétitivité entraîne moins de débouchés. Quel paradoxe !
A cause de ses effets contradictoires, cette compétitivité n'est plus adaptée à la gravité de la situation économique.
Au contraire, l'avenir industriel doit se construire sur une compétitivité hors prix, celle de la qualité, de l'innovation et de la formation.
Alors pourquoi ne pas préférer cet engrenage structurel au conflictuel ?

TVA sociale : une arme de compétitivité risquée !

L'année 2012 commence aussi mal que s'est terminée l'année 2011. La récession guette notre économie, le chômage atteint la barre des 10% de la population active, la désindustrialisation s'accélère et le déficit du commerce extérieur ne cesse de poursuivre sa dégradation, atteignant désormais les 70 Milliards d'euros.

Face à ces maux économiques, l'idée d'alléger le coût du travail en finançant une partie des charges sociales par une hausse de la TVA, fait son retour sur la scène politique. Notre protection sociale trop coûteuse, serait à l'origine de la perte de compétitivité de nos entreprises, les empêchant d'exporter, de produire en France et d'embaucher.

La TVA, impôt injuste mais très rentable, présenterait alors des possibilités de financement inédites.

De prime abord, la TVA n'a rien de social en soi. L'épithète sociale, n'est là que pour rappeler qu'une partie de son produit pourrait se substituer aux cotisations sociales. Le principe consisterait à augmenter la TVA pour financer la protection sociale et diminuer en contrepartie les charges sociales des entreprises. Or un tel transfert cherchant à restaurer la compétitivité prix des entreprises françaises, comporte des risques non négligeables qui pourraient limiter son efficacité dans une période de crise.

Augmenter le taux normal de TVA de 1,6 points tout en diminuant les cotisations sociales doit permettre de réduire le coût du travail et de rétablir la compétitivité des entreprises exportatrices produisant sur le territoire français, à condition que cette baisse soit entièrement répercutée sur les prix des biens et services. Or, l'exemple du secteur de la restauration en 2010 tend à prouver le contraire. Les entreprises choisissent parfois de maintenir leurs prix et de renforcer leurs marges. Face à cela, ne faudrait-il pas conditionner les allègements des charges sociales à une baisse obligatoire des prix afin de préserver le pouvoir d'achat des ménages ?

Compte-tenu des écarts de coûts du travail entre la France et les pays émergents pratiquant le *dumping* social ou le *dumping* monétaire, la hausse de la TVA ne suffira pas, malgré le renchérissement des produits importés, à décourager les délocalisations, si ce n'est alors qu'au prix de taux de TVA exorbitants. D'autre part, pour que le surcroît de compétitivité des entreprises nationales sur le marché domestique soit vérifié, encore faudrait-il qu'il y ait un vrai tissu industriel domestique. Or, la France n'a plus d'industrie dans les secteurs du textile et dans le secteur de l'équipement de la maison. Ces produits viennent de Chine car nos entreprises ont toutes fermé depuis la fin des années 1990 ! Depuis, le taux de pénétration des importations dans la demande intérieure n'a cessé de s'élever et la hausse de

la TVA ne fera que pénaliser les ménages les plus fragiles par la hausse des prix des produits de consommation courante.
Contrairement à la baisse des charges, la répercussion de la TVA sur la hausse du niveau des prix est immédiate. Elle contribuerait ainsi, à court terme, à une hausse généralisée des prix et à une perte du pouvoir d'achat des ménages les plus fragiles. Elle réduirait la consommation dans une période où les entreprises cherchent de la croissance sur le marché intérieur. Enfin, elle accentuerait les inégalités entre les ménages qui ont une forte propension moyenne à consommer et ceux qui ont une forte propension moyenne à épargner. Cet affaiblissement immédiat de la consommation dans un contexte d'austérité généralisée pourrait alors aggraver le chômage.
L'effet « social » de la TVA est trop incertain dans un contexte de croissance atone. Certes, elle peut avoir un effet positif sur le déficit du commerce extérieur au même titre qu'une dévaluation, mais elle ne règle pas le problème de fond : celui du manque de compétitivité de notre économie.
Améliorer la compétitivité prix par la baisse du coût du travail afin de freiner les importations chinoises ou celles de l'Europe de l'Est, est un combat inégal, à moins que ne soit aussi intégré dans le calcul de la compétitivité prix, le coût du capital. L'accroissement de 5 points de la part des dividendes versés aux actionnaires ces dernières années a, lui aussi, amoindri la compétitivité, obligeant les grandes entreprises à augmenter leurs prix pour maintenir leurs marges.
Par ailleurs, une telle dévaluation fiscale néglige la deuxième dimension de la compétitivité, celle de la qualité, qualifiée de compétitivité hors prix qui reste encore un atout de notre économie. C'est sur elle que doit se fonder la politique industrielle pour mieux affronter la concurrence.
L'élaboration d'une stratégie de différenciation par la qualité de nos produits s'appuyant sur le développement de l'innovation, de la recherche, de la formation et de l'éducation semble être une arme économique et sociale de longue portée plus sûre et plus efficace pour lutter contre le *dumping* social en préservant le pouvoir d'achat des ménages.
En effet, si les exportations des produits français deviennent plus riches en innovation technologique, les importateurs deviendront moins sensibles aux prix. La compétitivité hors prix en valorisant ainsi le travail contribuerait à la recomposition et à la relocalisation de nos industries, contrairement à la compétitivité prix qui le précarise pour rendre plus performantes nos entreprises.
La compétitivité de notre industrie ne peut pas se réduire à une course effrénée à la baisse des prix et à celle du coût du travail. En recherchant à réduire le coût du travail elle ferait perdre le savoir faire et aggraverait le déclin industriel. Au contraire, l'avenir industriel doit se construire sur une compétitivité par la qualité, l'innovation et la compétence professionnelle avec des salaires conséquents permettant d'acheter français, d'orienter en

partie l'investissement et l'emploi vers le territoire national. La production se rapprocherait ainsi des lieux de consommation plutôt que de ceux où les coûts sont les plus faibles.
C'est le développement du producteur/entrepreneur qui doit être valorisé avant celui de l'actionnaire. Or la TVA sociale en ne s'intéressant qu'au second à travers la compétitivité prix, pourrait fragiliser la base productive indispensable à la relocalisation industrielle.

Pour en savoir plus …

LIVRES	SITES INTERNET
• Antimanuel d'économie, Bernard MARIS, Ed. BREAL 2003. • Economie contemporaine, Jean Pierre DELAS, Ed. Ellipses 2008. • Thèmes d'actualité économiques, politiques et sociaux, Rémi PERES, Ed. Vuibert 2009. • Le commerce international, théories et pratiques actuelles, Jean BOURDARIAT, Ed. L'Harmattan 2011.	www.economie2000.com www.insee.fr www.alternatives-economiques.fr www.laviedesidees.fr www.telos-eu.com/ http://lewebpedagogique.com www.wto.org/indexfr.htm www.wto.org/french/res_f/webcas_f/webcas www.lemonde.fr www.monde-diplomatique.fr

THÈME 2 :

La mondialisation de l'économie

I- Les trois rouages de la mondialisation de l'économie

« Plus l'économie se mondialise, plus la terre se fragilise. »

Le mot mondialisation a une double connotation : « fascination » car la mondialisation représente un nouvel horizon d'opportunités, « répulsion » car elle représente aussi une menace pour l'ordre social et pour l'emploi.

Mais, au-delà de la peur et des fantasmes, la mondialisation est avant tout caractérisée comme un phénomène économique ancien et continu servant de base au développement du capitalisme libéral. Elle est donc un processus et non un état.
Pour certains acteurs de la vie économique et sociale, ce nouvel essor du capitalisme est le fondement d'une horreur économique alors que pour d'autres, il est un phénomène économique irréductible : tout développement économique passe par une ouverture totale et exclusive des marchés.

Mondialisation de l'économie, mondialisation de l'entreprise, mondialisation des marchandises et des services, mondialisation des marchés financiers... le concept est sans doute l'un des plus couramment utilisés en ce début de siècle.
Le terme peut paraître abstrait pourtant il traduit en réalité une évolution très concrète de l'économie.

Le fait que les produits consommés en France soient produits en Asie du Sud- Est, et que leur production soit répartie entre plusieurs pays (Exemple : l'iPad d'Apple dont les composants sont fabriqués en Chine, au Japon, en Corée du Sud, en Thaïlande et aux États-Unis).
Le fait aussi que Coca-Cola, Mc Donald's, L'Oréal, Microsoft... soient des marques connues dans le monde, que les yaourts de Danone soient consommés en Chine, que les fonds de pension financent les investissements des entreprises du CAC 40 en les obligeant à supprimer des emplois et à délocaliser et que des risques climatiques s'amplifient, représentent quelques manifestations de la mondialisation qui sont bien réelles.
Après plusieurs décennies de mondialisation, il est utile de faire le point sur cette notion très en vogue, souvent floue et complexe.
Sous sa forme économique, la mondialisation (ou la globalisation) se caractérise comme un processus d'extension et d'intégration des économies de marché à l'ensemble de la planète. Mais quels en sont ses principaux rouages et effets ?

La mondialisation fait partie de notre quotidien. Les tee-shirts, les jeans ou encore les chaussures que nous portons ont parcouru des milliers de kilomètres avant d'aboutir dans nos armoires. Nous mangeons des tomates du Maroc ou du Chili, des kiwis d'Australie. Nous buvons du café de Colombie, acheté dans les supermarchés français dirigés par des actionnaires étrangers. Nous téléphonons avec des téléphones portables qui ont été fabriqués dans plusieurs pays de la planète et qui ont traversé des dizaines de frontières. Ces quelques exemples révèlent l'ampleur du phénomène.
De 1970 à 2012, les exportations mondiales ont progressé deux fois plus vite que la production, les investissements de l'étranger environ six fois et les capitaux financiers au moins douze fois plus vite. Cette accélération provient de l'engrenage de trois rouages : le rouage commercial, le rouage de la production et le rouage de la finance.
Ils ont permis le passage d'une économie internationale à une économie mondiale.

Mais comment ?

1) Définition de la mondialisation de l'économie

Elle est un processus de transformation spatiale des économies.
C'est un système économique globalisé qui est l'aboutissement du processus de développement du capitalisme caractérisé par une intégration de plus en forte des économies. Elle se traduit par une dénationalisation des espaces économiques.
Depuis le 19ème siècle, elle a pris successivement la forme d'internationalisation grâce à la spécialisation de chaque pays qui se spécialise dans ce pour quoi il est le plus doué, puis de la multinationalisation avec l'essor des firmes multinationales. Enfin, avec la déréglementation imposée dans les années 80, la mondialisation a pris la forme de l'intégration.

2) Les mécanismes de la mondialisation de l'économie : trois rouages

« Lorsque la Chine éternue, le monde s'enrhume ! »

a) Le rouage commercial

La mondialisation vient de loin. C'est sur le commerce que se sont bâties les économies pendant la période des grandes découvertes, voire avant, grâce au commerce de la soie avec la Chine sous Marco Polo. Le capitalisme s'est épanoui à partir des échanges commerciaux car il fallait aller chercher là bas ce que l'on ne pouvait pas produire dans son pays. Voici le premier rouage de la mondialisation : celui des **échanges**. Ce rouage commercial a fait naître la mondialisation car l'économie repose sur des rapports ou échanges marchands. Le premier rouage reflète les applications concrètes et réelles du libre échange.

La mondialisation commerciale représente l'extension des échanges commerciaux entre les Nations. Elle s'est traduite par l'accroissement de l'espace commercial des Nations.

Mais quels sont les facteurs qui ont favorisé cette extension, et quels en sont ses effets ?

1. Les facteurs de la mondialisation commerciale

La mondialisation commerciale repose sur la conjonction de trois facteurs clés.

- **Le facteur économique**

Depuis la fin de la seconde guerre mondiale, le volume des échanges de biens et services a toujours augmenté à un rythme supérieur à celui de la production. Cette évolution traduit l'ouverture des économies sur le reste du monde et les rend de plus en plus dépendantes les unes des autres. Les échanges ainsi se sont mondialisés et ont renforcé l'interdépendance des pays entre eux.
La saturation de la demande intérieure a obligé les pays à rechercher des débouchés à l'extérieur et à ouvrir leurs frontières.

- **Le facteur institutionnel**

Les réductions des mesures protectionnistes entreprises par les Nations depuis la fin de la seconde guerre mondiale ont facilité l'expansion des échanges en effaçant progressivement les entraves à la libre circulation des marchandises.

- **Le facteur technologique**

Le progrès technique s'est accéléré et a permis l'extension des échanges en réduisant les distances et en réduisant le temps grâce au progrès technique et aux réseaux de communication : baisse des coûts de transport, rapidité des livraisons, amélioration des communications entre les pays. En modifiant ainsi l'espace et le temps, ces nouvelles technologies ont contribué à globaliser l'économie.

2. Les effets de la mondialisation commerciale

- **Interdépendance commerciale des pays**

Les pays deviennent de plus en plus interdépendants tant du point de vue de leurs approvisionnements que de leurs débouchés. Ils sont à la fois clients et fournisseurs. Leurs débouchés dépendent de la situation économique des autres.

- **<u>Emergence d'un marché mondial</u>**

Les marchés deviennent mondiaux ainsi que les produits ou les marques qui y circulent (Coca-Cola, Mc Donald's, Apple, Google en sont quelques exemples). De nouvelles opportunités se créent à l'étranger, ce qui attire les entreprises hors de leurs frontières.

- **<u>Concurrence de plus en plus forte entre les pays</u>**

La pression concurrentielle s'intensifie et oblige les entreprises à améliorer sans cesse leur compétitivité et à rechercher des gains de productivité afin de conserver voire de conquérir les marchés. Les pays émergents, en participant à l'échange international, ont fait monter la pression concurrentielle en faussant la concurrence, car le nombre d'offreurs sur les marchés s'est accru, poussant même les pays industrialisés à imposer au nom de la compétitivité internationale des réformes sociales douloureuses et impopulaires.
Les firmes doivent ainsi réduire leurs coûts afin d'accroître leurs profits et assurer leur survie.

CONCLUSION :

Voilà le premier cran de l'intégration commerciale des économies à travers le rouage commercial. Cette transformation de l'espace commercial des Nations s'est traduite par l'émergence d'un véritable marché mondial unifié devenu global. Cela signifie une certaine homogénéisation des modes de consommation et des besoins (exemple : les téléphones portables).

Mais cela signifie aussi que les économies se trouvent désormais confrontées à la contrainte extérieure et à une concurrence encore plus vive. Alors pour y faire face, les Nations ont élargi leur espace productif en investissant à l'étranger en délocalisant et en produisant à l'échelle mondiale (Nike, Adidas, Mattel, Apple…). D'où l'enclenchement du deuxième rouage de la mondialisation : le rouage de la production.

b) Le rouage de la production

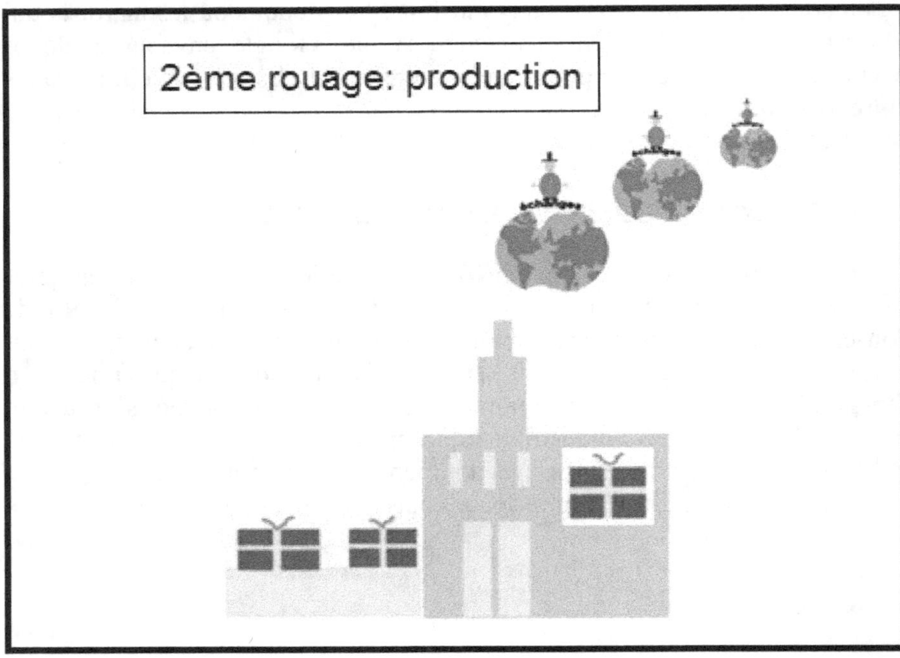

Il résulte de la mondialisation des échanges. La libre circulation des marchandises s'étend à la libre circulation des facteurs de production, plus particulièrement à celui du capital. La dimension de la production change, elle devient globale jusqu'aux années 80 à cause du développement des entreprises multinationales. Depuis, elle est passée dans l'ère de l'intégration. En effet, aujourd'hui les grandes entreprises fragmentent leur processus de production au niveau planétaire. Une firme mondialisée ne fabrique pratiquement plus car tout est sous traité à l'échelle mondiale à travers différents pays ou encore tout est franchisé. L'entreprise devient un réseau mondialisé. C'est le cas par exemple de Nike, Coca-Cola, Mc Do…

La mondialisation de la production se caractérise donc par l'extension de l'espace productif. Elle se manifeste par l'explosion des investissements directs à l'étranger et le développement des entreprises transnationales.
Les économies deviennent ainsi liées par des opérations de production et non plus seulement par des transactions commerciales. Ce changement de nature des relations économiques entre les nations, conduit à une imbrication mondialisée des économies les rendant interdépendantes.
Mais quelles sont les raisons de cette mondialisation de la production et ses effets ?

1. Les raisons de cette mondialisation

- **La recherche de gains de productivité**

Face à une intensité concurrentielle devenue de plus en plus forte au niveau international, les entreprises recherchent à produire à moindre coût afin d'améliorer leur compétitivité. Elles s'implantent à l'étranger, se délocalisent ou encore externalisent une grande partie de leur production à l'étranger (exemples : les centres d'appels, le secteur automobile, le textile, l'électroménager, la micro-informatique…).

- **La saturation du marché intérieur**

Les entreprises recherchent de nouveaux débouchés à l'étranger à défaut de débouchés internes suffisants. Elles agissent à l'échelle de toute la planète et notamment vers les pays émergents comme la Chine en raison de sa demande forte en biens d'équipements.

2. Les conséquences de la mondialisation de la production

- **Développement des entreprises transnationales**

Les grandes entreprises sont devenues déterritorialisées, structurées en réseaux privilégiant leurs actifs financiers autant que leurs actifs productifs. Les entreprises multinationales deviennent les principaux acteurs du commerce international. Elles réalisent désormais les deux tiers de ce commerce dont la moitié se fait sous forme de commerce intrafirmes (be to be). Ces échanges à l'intérieur des réseaux modifient la division internationale du travail. Les marchandises sont produites entre plusieurs pays.

Dans un pays on conçoit, dans l'autre on fabrique, dans un autre on assemble et, enfin, dans le dernier on vend.

Ce n'est donc pas seulement le marché qui devient mondial mais c'est la production qui se structure à l'échelle planétaire.

Les entreprises multinationales disposent d'un pouvoir économique qui s'est renforcé car elles peuvent modifier la concurrence entre les pays et peuvent choisir librement leur territoire en fonction des avantages économiques, sociaux et fiscaux qui leur sont proposés. De plus elles peuvent déplacer leurs unités de production sans se sentir liées au pays ou au bassin d'emploi. Devant une telle modification de la dimension de la production les gouvernements ont de plus en plus de mal à réguler leur production et à élaborer une politique industrielle au service de la croissance et de l'emploi.

- **Dissociation entre le marché intérieur et le marché extérieur**

Cette imbrication mondialisée de la production détourne les grandes entreprises (notamment celles du CAC 40) du marché intérieur. Leurs profits ont augmenté considérablement en dehors du territoire. Elles peuvent s'accommoder d'une faible croissance nationale dès lors qu'elles ont des débouchés sur les marchés étrangers.
La production et le capital ne sont plus ancrés à un territoire, ce qui met en péril les modèles sociaux. Dorénavant, la consommation nationale, qui jadis garantissait les débouchés des entreprises, ne les assure plus. Ils sont garantis par les marchés étrangers. Autrement dit, les salaires sur le territoire national peuvent rester modérés voire parfois insuffisants, car les carnets de commandes des grandes entreprises sont remplis par la demande étrangère. C'est le cas de la Chine qui tire sa croissance de ses exportations tout en versant des salaires insuffisants à ses salariés.
Cette dissociation va encore plus loin dans sa logique. Elle a pour effet de dissocier le modèle social de la Nation dans la mesure où la croissance ne dépend plus directement de la consommation nationale. Les débouchés des produits ne sont plus liés essentiellement au niveau des salaires, mais dépendent davantage de la compétitivité. La logique Fordiste devient inadaptée dans ce contexte. Dans ce cas, la modération salariale et la déréglementation sociale trouvent tout leur sens. Dans un tel environnement mondialisé, la croissance ne peut résulter que d'une baisse du coût du travail et donc d'une montée de la précarité des emplois.

- **Renforcement des interdépendances des économies**

La globalisation des économies s'est aussi construite à partir de liens de production qui viennent compléter les liens commerciaux.
Les Nations deviennent plus ou moins dépendantes des stratégies des grandes entreprises.

- **Forte mobilisation des capitaux financiers**

L'explosion des investissements directs à l'étranger demande une grande masse de capitaux et une forte mobilité. Cette obligation imposée par la mondialisation de la production, a rendu nécessaire l'instauration d'un marché financier mondial libéré de toutes contraintes permettant de collecter des capitaux afin de financer l'essor des investissements au niveau mondial. Ce deuxième rouage de la mondialisation a permis d'activer le troisième : le rouage financier.

CONCLUSION :

Cette transformation de l'espace productif s'est traduite par le développement des firmes transnationales et par une globalisation de la production.
Ce phénomène a pris de l'ampleur à partir de la fin des années 80 à cause de la dérèglementation sociale, économique et financière.

Depuis, les entreprises élaborent de plus en plus leurs stratégies à l'échelle mondiale et multiplient leur implantation à l'étranger en fusionnant ou en délocalisant leurs filiales. Elles mettent en concurrence les salariés et les États. Cette libre circulation des facteurs de production et, plus particulièrement, celle du capital a modifié la physionomie du système financier. Le processus de globalisation de la production a activé le troisième rouage : celui de la finance.

c) Le rouage financier

La mondialisation financière se caractérise par la libre circulation des capitaux et par l'extension des marchés financiers au niveau mondial. Ce phénomène s'est amplifié après les années 80, créant de nouvelles opportunités pour les agents économiques ayant des besoins de financement mais créant aussi certaines menaces.

1. Les raisons de cette mondialisation

- **Assurer une meilleure allocation des capitaux entre les pays ayant des besoins de financement, grâce à la libre circulation des capitaux.**

La libre circulation des capitaux permet d'après la théorie libérale, de mieux orienter l'épargne vers les pays ayant des besoins de financement. Mais la réalité économique nous montre que ce ne sont pas les besoins de financement qui mobilisent les capitaux mais la rentabilité. Les capitaux se placent dans les pays ayant les meilleurs rendements économiques, sociaux et fiscaux.

- **Financer les déficits budgétaires et extérieurs sans créer de l'inflation en évitant le recours au crédit.**

Les déficits récurrents depuis la fin des années 70 (États-Unis par exemple) exigeaient des capitaux considérables. Leur financement par l'emprunt auprès des banques centrales aggravait l'inflation et réduisait la compétitivité. Or, la libéralisation et l'extension des marchés financiers ont permis aux États de financer leur déficits sans avoir recours à la création monétaire, mais au risque d'une très forte dépendance à l'égard des marchés financiers, ce qui est le cas aujourd'hui de tous les pays de la zone euro par exemple.

- **Financer les transactions commerciales et les investissements.**

Cette ouverture des marchés financiers était devenue nécessaire en raison de la mondialisation des échanges et de la production.
Plusieurs facteurs ont contribué à cette globalisation financière.

Lesquels ?

2. Les facteurs qui ont favorisé la globalisation financière

Ils peuvent être regroupés en trois catégories :

- **<u>Les facteurs économiques et monétaires</u>**

La mondialisation des échanges et de la production a participé activement à l'extension des capitaux à l'échelle mondiale. De plus, cette globalisation financière a été amorcée vers la fin des années 70, à la suite de l'abandon des règles du système de change fixe au profit de la mise en place du système de change flottant en 1973. Dès lors les obstacles à la libre circulation des capitaux n'allaient pas durer, d'autant que les États recherchaient des capitaux pour financer leur déficit budgétaire. Cette déréglementation du système monétaire international a contribué au démantèlement des règles financières.

- **<u>Les facteurs politiques ou institutionnels</u>**

La libéralisation est devenue un projet politique et s'est même institutionnalisée à travers la règle des trois « D » : **D**ésintermédiation c'est-à-dire que les emprunteurs (État, entreprises...) peuvent désormais se financer directement sur le marché financier sans avoir recours aux crédits bancaires. Cette désintermédiation s'est étendue grâce à la **D**éréglementation des marchés financiers dans lesquels il n'y a plus d'obstacle à la circulation des capitaux entre les États (suppression du contrôle des changes). La finance est régulée selon le mécanisme de l'offre et de la demande. La mobilité des capitaux s'est accentuée aussi par le **D**écloisonnement des marchés. Les frontières entre les marchés des capitaux, monétaire et du change ont été abolies.

On assiste aujourd'hui à l'émergence d'un gigantesque marché financier à l'échelle mondiale où l'offre financière se multiplie, donnant naissance à des produits financiers nouveaux et à des produits dérivés de gestion du risque complexes.

- **<u>Les facteurs technologiques</u>**

Les nouvelles techniques de communication et d'information ont permis de créer ce marché financier global en reliant tous les marchés financiers fonctionnant en continu entre eux.
Cette combinaison de facteurs a entraîné une explosion de la finance dans le monde échappant ainsi à tout contrôle institutionnel et provoquant une instabilité financière très inquiétante pour les économies réelles.

C'est le cas notamment de l'Europe, qui depuis 2010, plongée dans une crise des dettes souveraines et enfermée dans l'austérité, connaît une forte récession.

2. Les effets de cette globalisation financière

- **<u>Les effets bénéfiques attendus</u>**

Meilleure allocation de l'épargne mondiale entre les pays.

Diversification des risques pour les prêteurs.

Financement plus aisé pour les déficits budgétaires.

Accroissement des capacités de financement des investissements.

- **<u>Les effets pervers</u>**

Développement des placements financiers au détriment des investissements productifs. Ce qui a pour effet de freiner la croissance économique.

Accroissement de la spéculation mondiale détournant une grande partie de la finance de l'économie réelle.

Perte du pouvoir de régulation monétaire des Nations et soumission aux investisseurs financiers. Leur politique économique est sous le contrôle des marchés (exemple de l'Europe avec les dettes publiques).

Déclenchement des crises financières pouvant se propager par effet domino à l'ensemble de la planète (crise des Subprimes en 2008) car l'économie est devenue globale.

CONCLUSION :

Voilà le dernier rouage de la mondialisation de l'économie. C'est le troisième cran de l'intégration des économies à travers celui de la finance. Cette transformation de l'espace financier s'est traduite par l'émergence d'un marché financier global planétaire dans lequel les places boursières sont interconnectées grâce à internet et où les transactions se font en continu.

La mondialisation de l'économie crée une économie domino dans laquelle toutes les économies sont interconnectées par ces trois rouages. La mondialisation souligne un changement de nature de l'internationalisation. Elle est devenue un processus irréversible.

Mais cette mondialisation représente-t-elle une menace ou un progrès pour notre économie ? Une menace ou un progrès ?

II- Les effets de la mondialisation de l'économie

1) La mondialisation : un progrès

Pour qui ?

a) Pour les économies

Elle est, selon la doctrine du libre échange, un facteur de croissance pour les pays car elle favorise les échanges. De plus, elle crée des emplois dans les pays émergents.
Pendant une longue période elle a profité aux pays industrialisés. Mais depuis plus d'une décennie, la montée en puissance des pays émergents a modifié la cartographie du monde. Parmi eux, la Chine a tiré profit de la mondialisation.

Brésil, Russie, Inde et Chine sont aujourd'hui les gagnants de la mondialisation. La Chine et l'Inde ont su tirer profit de leur avantage comparatif fondé sur une main d'œuvre très bon marché. Et, ont pu grâce à la mondialisation, se développer à partir de leurs exportations. Ces deux pays connaissent une forte croissance et imposent leurs produits au monde entier. De plus, ils se mettent désormais à produire des biens de haute technologie.
Depuis la fin des années 90, la montée des « BRIC » a transformé la physionomie de la mondialisation.

b) Pour les entreprises

La mondialisation est un progrès pour les entreprises.

Pourquoi ?

- Elle représente une ouverture sur l'extérieur et crée des opportunités pour conquérir de nouveaux marchés.
- Elle stimule la recherche et l'innovation en raison d'une pression concurrentielle devenue de plus en plus forte.
- Elle permet aux grandes entreprises de réaliser des économies d'échelle grâce à la globalisation de leur production.
- Elle facilite la mise en œuvre de stratégies de globalisation (exemple : Coca Cola, Mc Donald's).
- Elle améliore la rentabilité financière des groupes en raison de la forte mobilité des capitaux.

c) Pour les ménages

Les ménages bénéficient aussi de la mondialisation.

Comment ?

- Elargissement de l'assortiment des produits mis sur le marché : le consommateur a davantage de choix entre les produits. De plus il bénéficie des produits importés qui sont moins chers que les produits nationaux, ce qui améliore son pouvoir d'achat.
- Le consommateur peut mieux faire jouer la concurrence entre les produits, ce qui favorise la baisse des prix.
- Meilleure qualité des produits nationaux : en raison de la forte concurrence, les entreprises ne pouvant pas baisser leurs prix, se différencient par la qualité de leurs produits. Cette amélioration peut bénéficier à certains ménages.

2) La mondialisation : une menace

Pour qui ?

a) Pour l'économie nationale

La mondialisation menace notre économie dans plusieurs domaines.

Lesquels ?

- **Une menace pour les emplois**

En raison des risques de délocalisations vers les pays à bas salaires et de la recherche de gains de productivité, la mondialisation est responsable de la montée du chômage et du développement de la précarité du travail.

- **Une menace sur le niveau des salaires**

La compétition avec la à main d'œuvre bon marché de certains pays exportateurs freine considérablement le niveau des salaires sur le territoire. Le coût du travail étant devenu la principale variable de la compétitivité prix. Plus le pays est approvisionné en produits importés peu chers, plus les salaires sont modérés et plus les emplois sont précarisés, donc peu rémunérés.

- **Une menace pour notre protection sociale**

L'absence de modèle social dans certains pays remet en cause les fondements de notre système de protection sociale.
N'étant plus ancrée au territoire, la production, désormais mondialisée, menace la protection sociale. En effet, le lien entre l'utilisation du facteur travail et les débouchés est rompu avec la mondialisation. Tant que la consommation des salariés assurait, selon les principes Fordistes, les débouchés des entreprises, les salaires ne pouvaient qu'augmenter. Or, avec la mondialisation qui fragmente tout le processus de production, il devient désormais possible d'éviter toute hausse de salaire pour maintenir les débouchés car ils peuvent être trouvés à l'étranger.

L'argument de la compétitivité prix trouve ainsi toute sa force à travers la réduction du coût du travail malgré la menace qu'il fait peser sur le financement de notre protection sociale et sur le niveau de la demande.
Les rapports de force sociaux se sont modifiés voire inversés en faveur du capital. Ce qui ralentit toute hausse du pouvoir d'achat.

La globalisation, à défaut d'harmonisation sociale mondiale, met en concurrence les modèles sociaux et affaiblit les plus performants. Elle conduit inévitablement à une régression sociale et à l'accroissement des inégalités sociales. De plus, elle donne plus de pouvoir au capital qu'au travail et donc affaiblit ce dernier. Car ceux qui perdent leur travail ont de plus en plus de mal à en retrouver. Par contre les gagnants propriétaires du capital refusent de plus en plus de redistribuer une partie de ce qu'ils ont gagné en évoquant la compétitivité, condamnent toute hausse des impôts et vont même jusqu'à faire du chantage à la fuite des capitaux à l'étranger voire parfois à changer de nationalité.

La montée de ces inégalités à un coût pour notre économie. Elle entretient la crise : croissance atone et hausse du chômage. Car les riches épargnent plus qu'ils ne consomment lorsque leur part de la valeur ajoutée (gâteau) s'accroît. Ainsi la demande faiblit à cause d'une part salariale limitée, ce qui provoque inévitablement une faible croissance et une hausse du chômage.

- **<u>Une menace pour les politiques économiques nationales</u>**

Les États perdent leur autonomie dans la conduite de leur politique monétaire et fiscale en raison de la volatilité des capitaux. En effet, une fiscalité trop forte peut provoquer une fuite des capitaux à l'étranger. Une baisse des taux d'intérêt provoque une sortie de capitaux du pays. La mondialisation des capitaux pèse fortement sur l'autonomie des politiques monétaires.

Robert MUNDELL (1932, -) : Prix Nobel en 1998, à travers le **triangle des incompatibilités** illustre cette contrainte. Cette théorie montre qu'un espace économique ou un pays ne peut bénéficier à la fois de la libre circulation des capitaux, d'une politique monétaire nationale autonome et de taux de change fixes. La politique économique doit donc faire un choix entre ces trois objectifs. Un pays ne peut décider librement du choix que de deux variables. Ainsi lorsque la BCE augmente ses taux d'intérêt, elle doit tenir compte de l'impact de son choix sur le taux de change.

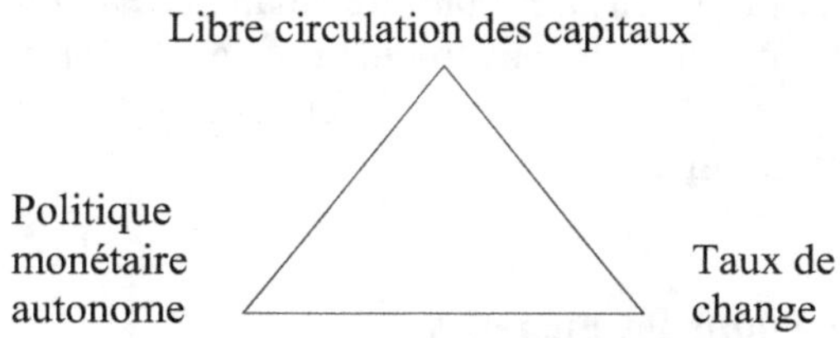

- **<u>Une menace pour l'environnement</u>**

La course effrénée au productivisme, dans cette économie mondialisée, génère des externalités négatives environnementales : épuisement des ressources naturelles, pollution et réchauffement climatique, déforestation, disparition des espèces animales et végétales.
Si cette course ne s'arrête pas, les générations futures pourraient en souffrir. Les pays sont les colocataires de la planète et non les propriétaires.
Aveuglés par la logique économique du « toujours plus », ils oublient très vite cette situation périlleuse.

b) Une menace pour les entreprises

Pourquoi ?

- La pression concurrentielle devenue plus intense, affaiblit les PME (Petites et Moyennes Entreprises) les plus vulnérables ou celles qui sont nouvelles sur le marché et qui ne peuvent pas rivaliser avec celles qui ont déjà acquis une position dominante.

- La mondialisation modifie les stratégies des entreprises. Elle encourage les stratégies de croissance externe (fusion, alliance, sous-traitance…) et donc la fragilise la pérennité du pouvoir et la cohésion sociale au sein de l'entreprise. De plus, elle accroît les risques de perte de contrôle des entreprises à cause de la volatilité des capitaux à la recherche du rendement à court terme.

- Le pouvoir des actionnaires se trouve ainsi renforcé dans les grandes entreprises, préférant la rentabilité financière à celle de l'investissement à long terme. Le management de la performance à court terme prédomine dans la gestion des entreprises et dévalorise le travail. Ce qui réduit la croissance économique.

c) Une menace pour les ménages

Les produits importés leurrent les consommateurs en leur faisant croire qu'ils sont moins chers que les produits fabriqués sur le territoire.
Le consommateur croit gagner du pouvoir d'achat grâce aux produits étrangers. Pure illusion ! Ces produits pour la plupart « Made in China » sont en concurrence avec les produits territoriaux et obligent les entreprises produisant sur le territoire à baisser leurs prix, et donc à réduire leurs coûts en comprimant les salaires afin de maintenir leurs parts de marché.
En fait ce que le consommateur, qui est aussi salarié, croit gagner d'un côté en achetant étranger, le perd de l'autre avec des salaires peu progressifs. Le gain de pouvoir d'achat n'est qu'un leurre.

CONCLUSION :

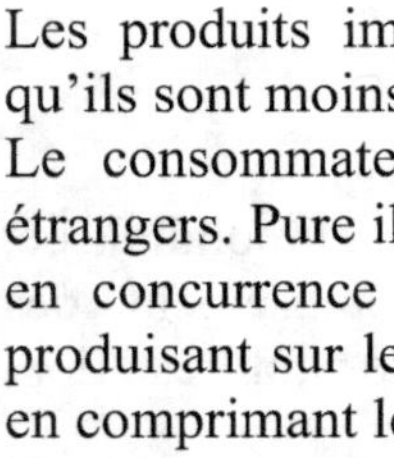

La mondialisation a changé de physionomie aujourd'hui. Tout le monde ne peut y gagner.
Elle est à la fois un progrès et une menace aussi bien pour les pays pauvres que pour les pays riches. Elle n'est plus partagée entre les pays industrialisés car la leur croissance repose désormais sur le développement de la Chine et des autres pays émergents.

Autrefois, le Nord prospérait aux dépens de Sud. Les pays émergents ont rompu cette situation : le développement se déplace d'Ouest en Est. Le monde se découpe dorénavant entre, d'un côté, les pays développés dits riches, de l'autre les pays pauvres (pays les moins avancés d'Afrique centrale) et les pays émergents.

Ce renversement ne serait-il que transitoire ?

La mondialisation est un processus évolutif qui souffre d'une absence de gouvernance mondiale. Mais face à cette configuration de la mondialisation où règne la loi du marché, celle du plus fort, quelle est la place de l'Europe ? L'Europe qui, jadis, a joué un rôle majeur dans la mondialisation, peut-elle aujourd'hui influencer cette configuration mondiale ?

Réflexion et Débat :

Les enjeux de la mondialisation

Le terme « enjeu » désigne ce que l'on peut gagner ou perdre dans une compétition ou dans un défi. Alors quels sont les enjeux majeurs de la mondialisation en ce début du XXI ième siècle ? La mondialisation a une double connotation. Elle fascine car elle représente un nouvel horizon d'opportunités en ce troisième millénaire, mais, elle inquiète aussi, car elle peut-être perçue comme une menace pour l'ordre économique et social de chaque Nation. Cependant, au-delà de la peur et des fantasmes, la mondialisation est avant tout caractérisée comme un phénomène économique ancien et continu du développement du capitalisme libéral. Elle est donc un processus et non un état. Pour certains acteurs de la vie économique et sociale, ce nouvel essor du capitalisme est le fondement d'une « horreur économique » (V. FORRESTER) et, pour d'autres, elle est un phénomène économique irréductible, car, tout développement économique, selon les thèses du libre échange, passe par une ouverture totale et exclusive des forces du marché.

Mais qu'est-ce que la mondialisation de l'économie ?

La mondialisation désigne une interdépendance croissante des économies entre elles pour former une économie globale ou une économie monde dans laquelle les frontières s'effacent progressivement au nom des bienfaits du libre échange. Ce phénomène s'est accéléré à partir des années 90 pour conduire à une intégration non seulement des échanges commerciaux mais également de la production et des capitaux. Alors quels sont les principaux mécanismes de ce processus ? Quels en sont ses rouages ?

La mondialisation repose sur l'engrenage de trois rouages :

Le rouage commercial : qui représente la mondialisation des échanges commerciaux. Il se traduit par l'accroissement de l'espace commercial des nations.

Le rouage de la production : qui se caractérise par la transnationalité des investissements directs à l'étranger et s'accompagne de l'extension de l'espace productif liée aux activités croissantes des multinationales et des délocalisations.

Le rouage financier : qui correspond à la globalisation financière, c'est à dire à une internationalisation des capitaux. Il se caractérise donc par la création d'un marché financier au niveau planétaire où toutes les places financières sont reliées entre elles par internet.

Ces trois rouages interdépendants connectent toutes les économies entre elles pour en faire une économie globale. Mais les économies ont-elles intérêt à devenir globales ?

Quels sont les enjeux majeurs associés à un tel processus ?
La mondialisation suscite de nombreuses craintes, car l'ouverture des frontières, malgré les bienfaits théoriques du libre échange évoqués par les théoriciens libéraux (A. SMITH et D. RICARDO des $17^{\text{ième}}$ et $18^{\text{ième}}$ siècles), conduit les nations à protéger leurs propres intérêts ou ceux leurs acteurs économiques afin de faire face à une concurrence de plus en plus forte dans la réalité. Elle contribue aussi à creuser les écarts de richesses entre les pays industrialisés et les pays en développement. Les échanges commerciaux mondiaux s'effectuent essentiellement entre les pays de la triade (États-Unis, Europe, Asie du Sud Est) et, sont donc dominés en grande majorité par les pays développés qui peuvent imposer leur loi économique. Si la participation à l'échange commercial mondial peut représenter un facteur de développement économique, elle ne s'est pas accompagnée d'une réduction des inégalités entre les pays riches et les pays pauvres, bien au contraire ! De ce fait l'échange mondial représente un frein au développement de certains pays.
Alors faut-il laisser se creuser un tel fossé et laisser le marché maître de la répartition des flux commerciaux ? Voilà un des enjeux de la mondialisation.
Cette extension de l'espace commercial modifie la structure de la concurrence et engage les entreprises dans une course effrénée à la recherche de gains de productivité. Celles-ci n'hésitent plus à se délocaliser, à fractionner leur production dans plusieurs pays (exemple Nike, Adidas… les entreprises du textile, de l'informatique, de la sidérurgie… et la grande distribution), n'hésitent plus à licencier leur personnel malgré la hausse de leur profit (exemple Danone en 2001..., ArcelorMittal en 2008…et 2012).
Cet espace productif devient mondial grâce à la mobilité des facteurs de production, au développement des groupes multinationaux et grâce à l'essor des nouvelles technologies d'information et de communication. Cette mondialisation de la production renforce les échanges de capitaux et rend nécessaire leur décloisonnement, leur déréglementation et leur libre circulation pour financer les investissements internationaux.
Cette libéralisation financière a favorisé une meilleure allocation des ressources financières dans le monde. Elle a permis une meilleure orientation de l'épargne mondiale vers les investisseurs, mais a aussi accru les probabilités de risques systémiques ou « domino » c'est-à-dire qu'un accident financier isolé se propage à l'ensemble de la planète (crise financière de 1997 et crise du crédit hypothécaire (subprime) aux USA en 2008) du fait de l'imbrication des États par ces trois rouages. Elle a aussi facilité le développement des paradis fiscaux et gonflé artificiellement et virtuellement la sphère financière. Des masses de capitaux financiers sont mises en jeu par des parieurs (« traders »), qui prennent de plus en plus de risques jusqu'à mettre en péril leur propre banque (exemple de la société générale). De plus, cette très forte mobilité des capitaux internationaux

limite la portée des politiques économiques considérées comme incompatibles par les agents économiques opérant sur le marché financier mondial et, sanctionnant tout écart par des opérations de change ou de transferts de capitaux. Leur marge de manœuvre se trouve donc limitée par les intérêts de certains acteurs économiques privés appelés « les nouveaux maîtres du monde ».

Alors là aussi, faut-il laisser le marché décider de l'orientation des capitaux ou, au contraire réglementer ces flux financiers dans un souci d'éthique économique ?

Alors la transformation de ces trois espaces de l'économie ne réduirait-elle pas le pouvoir relatif des États par rapport aux forces du marché ?

A côté de cette nouvelle configuration de l'espace économique, cette transformation accentue le dérèglement naturel de notre planète. En effet, les profits d'aujourd'hui font les nuisances de demain et les catastrophes d'après demain.

Alors combien d'années de tempête, d'inondation, de sècheresse, de déboisement des forêts, faudra-t-il voir défiler devant nos yeux pour enfin stopper l'asphyxie de la planète, et demain, celle de l'économie ?

A l'heure actuelle cette mondialisation se caractérise par l'engrenage de ces trois rouages activés par la main invisible « celle du marché » qui transforme l'espace économique. Une telle transformation de la dimension spatiale de l'économie accentue la concurrence entre les biens, les services et les capitaux, mais élargit également le champ de cette dernière à l'ensemble des politiques publiques nationales, à la culture, à l'éducation, à la protection sociale, à la fiscalité, aux règles et modèles d'organisation. Ainsi la mondialisation de l'économie met en concurrence des nations dont les valeurs, les institutions, les règles, les richesses peuvent être différentes, ce qui explique pourquoi la libéralisation des échanges et des capitaux provoque des conflits entre les nations et à l'intérieur de celles-ci.

Face à de tels enjeux, une organisation citoyenne de la mondialisation ne serait-elle pas indispensable afin de préparer un meilleur avenir pour les générations futures ?

Après nous le déluge ?

Combien d'années de tempêtes, d'inondations, de sècheresse, de déboisement des forêts, de fonte des glaces et de disparitions d'espèces animales et végétales, faudra-t-il voir défiler sous nos yeux, pour enfin stopper l'asphyxie de notre planète, et demain celle de toute notre économie ?
Les profits d'aujourd'hui seraient-ils les nuisances de demain et les catastrophes d'après demain ?
Face à un tel risque climatique, depuis longtemps annoncé par la communauté des scientifiques, peut-on encore oser demander à la Terre plus qu'elle puisse nous offrir ? Comment répondre à nos besoins sans compromettre l'avenir de la Planète ? L'égoïsme qui guide notre activité économique est devenu si fort maintenant, qu'il nous conforte dans l'idée que le progrès sera bientôt capable de maîtriser la nature et donc la rareté. Par conséquent pourquoi s'inquiéter ! Où est l'urgence ?
Cette thèse est largement relayée par le monde des entreprises multinationales, par certains économistes et discours politiques. De manière insidieuse, elle insinue l'idée selon laquelle le développement durable, c'est à dire un développement qui répondrait à nos besoins sans compromettre ceux des générations futures, engendrerait des coûts excessifs dans la mesure où il supposerait une révolution radicale de nos modes de production, de répartition et de consommation. Ce qui paralyserait la croissance mondiale et donc les chances de faire des découvertes permettant de lutter contre la rareté grâce au progrès. Pourtant, beaucoup de pays et d'entreprises sont d'ores et déjà convaincus de la gravité du problème, et, n'hésitent plus à s'engager sur la voie de ce développement même si elle implique une perte de rentabilité à court terme.
Porter attention uniquement sur le coût de cette transformation, efface la question vitale de l'avenir de notre planète et entretient l'hésitation des États à intégrer le développement durable dans leur politique économique et sociale. Et fait perdre le sens de la rareté à l'humanité pour qui l' « Avoir plus » prime sur l' « Etre mieux ».
Mais le coût de la prévention est nettement inférieur au coût de l'inaction comme cela a été démontré lors de la conférence mondiale de Bali. Alors pourquoi attendre sans trop réagir et repousser une fois de plus les décisions à plus tard ? Comment peut-on se moquer à tel point de nos enfants ?

L'ampleur de la dégradation de l'environnement est telle que les scientifiques tirent depuis quelques années le signal d'alarme : il y a urgence à sauver la planète.

Or la question n'est plus seulement scientifique, elle est dès à présent politique. Elle nécessite des changements substantiels dans le fonctionnement de notre économie et dans nos modes de vie. Désormais préparer l'avenir des générations futures, implique de passer d'une économie fondée sur l'avoir plus à une économie fondée sur l'être mieux. Autrement dit passer d'une croissance quantitative à une croissance qualitative. C'est là que la volonté politique, en vertu du principe de précaution, devrait tracer et imposer les voies d'une nouvelle forme de croissance économique au service de l'homme ! La France s'y oriente à travers le Grenelle de l'environnement, mais la voie tracée sera longue. L'Europe pourrait bien être capable d'amorcer un tel changement au sein de ses pays membres en vertu de sa souveraineté institutionnelle, et ensuite, grâce aux promesses du président des USA, convaincre la Chine de s'y engager rapidement. A cet égard, un engagement plus ferme des pouvoirs politiques permettrait de minimiser l'influence de certains hommes d'affaires davantage soucieux du baromètre de la bourse que de l'environnement naturel.

Ne rien faire, c'est accepter la suprématie des lois du marché sur celles de la nature pour laisser disparaître les lois de la rareté avec tous les risques que cela comporte. Or dans une économie en récession, la loi de l'économie du court terme prime sur celle du long terme, et diffère les investissements pour une croissance verte. L'environnement passe plus que jamais au dernier rang des préoccupations des acteurs économiques.
Sommes- nous prêts à ne laisser qu'un monde en péril à nos enfants et petits enfants ? Après nous le déluge, vraiment ?

Pour en savoir plus …

LIVRES

- L'économie mondialisée, Robert REICH, Ed. Dunod 1993.
- Les mondialisations : gouffre ou tremplin ? Michel VAN CROMPHAUT, Ed. L'Harmattan 2001.
- Qu'est-ce que la mondialisation ? Charles-Albert MICHALET, Ed. La Découverte 2002.
- Comment les riches détruisent la planète, Hervé KEMPF, Ed. Seuil 2007.
- Thèmes d'actualité économiques, politiques et sociaux, Rémi PERES, Ed. Vuibert 2009.
- La prospérité du vice, Daniel COHEN, Ed. Albin Michel 2009.
- L'économie en 30 questions, Ed. Alternatives économiques 2010.
- Le capitalisme en 10 leçons, Michel HUSSON, Ed. Zones La Découverte 2012.

SITES INTERNET

www.economie2000.com

www.insee.fr

www.alternatives-economiques.fr

www.laviedesidees.fr

www.wto.org/indexfr.htm

www.telos-eu.com/

http://lewebpedagogique.com

www.ladocumentationfrancaise.fr/dossiers/omc/

http://www.dailymotion.com/video/x9ieka_omc-pour-les-nuls_news

www.wto.org/french/res_f/webcas_f/webcas

www.lemonde.fr

www.monde-diplomatique.fr

THÈME 3 :

L'Europe économique et monétaire

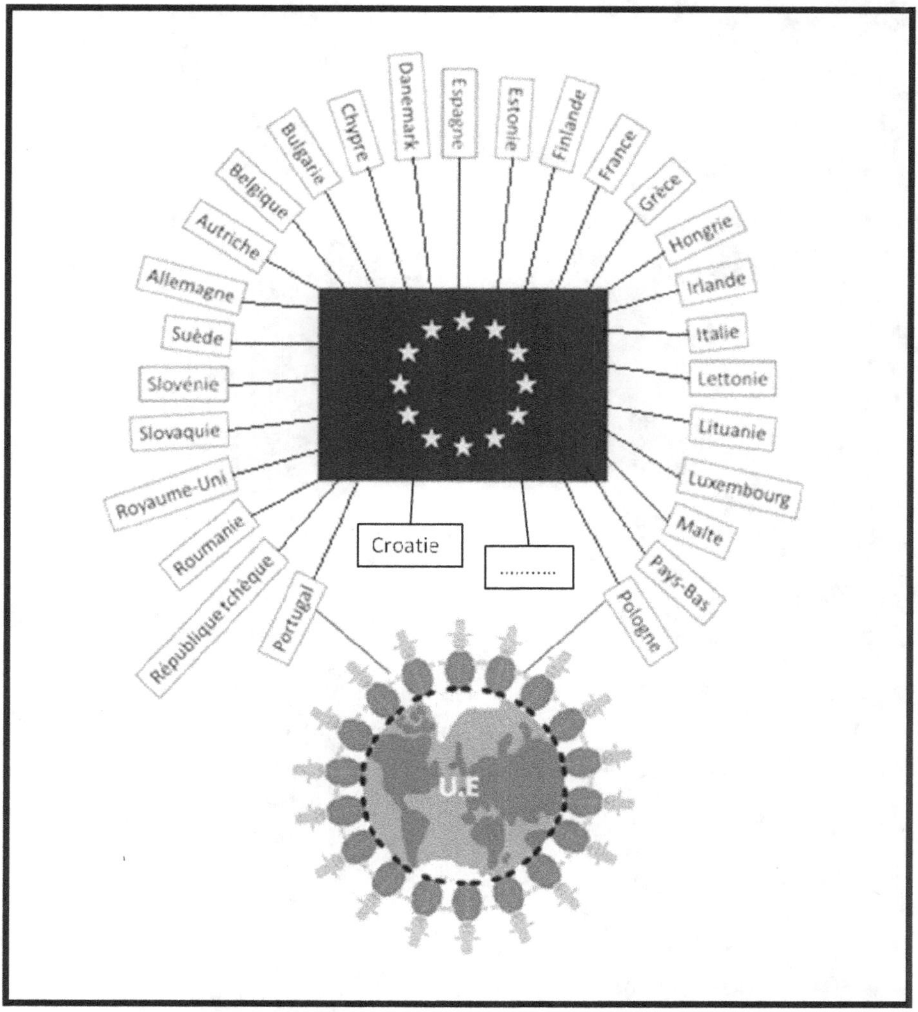

I- L'Europe : une union économique et monétaire

« Les petits pas font les grandes avancées ! »

C'est après la seconde guerre mondiale que le projet de la construction européenne est né.

Deux raisons essentielles sont à l'origine de ce projet unique au monde. La première est économique. Après-guerre, l'Europe était dévastée par le second conflit mondial. Il fallait reconstruire toute l'économie du continent. Et ce n'est qu'en unissant leurs efforts que les pays européens pouvaient faire redémarrer leur économie, assurer leur développement et permettre leur autosuffisance. C'est pourquoi le premier pas de cette union fut la CECA (Communauté européenne du charbon et de l'acier) en 1951 unifiant six pays : Allemagne fédérale, Belgique, France, Italie, Luxembourg et Pays Bas. Puis, c'est par le traité de Rome que les pays européens ont fait un grand pas dans l'intégration commerciale et économique. Ils ont transformé le rêve de Victor Hugo qui écrivait en 1849 (discours prononcé le 21 août 1849 lors du congrès de la paix) : « *Un jour viendra où en France, vous Russie, vous Italie, vous Angleterre, vous Allemagne [...], vous toutes, Nations du continent, vous vous fondrez dans une unité supérieure [...]. Un jour viendra où il n'y aura plus d'autres champs de bataille que les marchés s'ouvrant au commerce....* ». Le rêve est devenu réalité en 1957 avec la Communauté économique européenne (C.E.E.).

La deuxième raison est politique. L'objectif était de garantir la paix et la démocratie afin de ne plus connaître les horreurs des années noires 1939-1945. De plus, une telle union était aussi le moyen de maintenir sur le plan géopolitique, l'équilibre entre les blocs de l'Est et de l'Ouest. L'Europe constitue aujourd'hui l'exemple le plus achevé au monde d'intégration économique et commerciale. Elle n'est pas qu'un espace géographique. Sa construction s'est réalisée en plusieurs étapes selon un processus d'intégration qui s'est fait par plusieurs traités successifs :

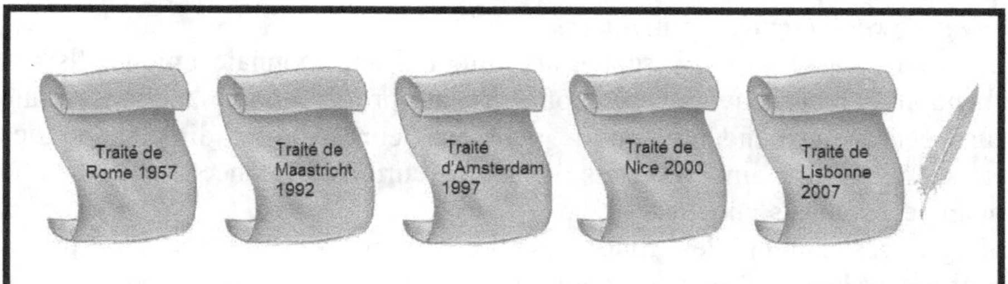

Elle s'est aussi déroulée sur deux axes :
- un élargissement de l'Union passée, en plus de cinquante ans, de six à vingt-huit États membres.
- un approfondissement économique avec le grand marché unique réalisé en 1993 et avec la monnaie unique, l'euro, en 1999.
Chaque étape du processus européen a permis d'aller encore plus loin dans l'intégration. Ce processus poursuit aujourd'hui son chemin mais il lui manque un guide ou un visionnaire qui puisse lui fixer un cap pour relever les défis mondiaux du XXIème siècle.
Construire progressivement une union entre six États, puis neuf, dix, douze, quinze, vingt-cinq, vingt-sept, vingt-huit et plus encore peut-être demain, parfois adversaires d'une des guerres les plus horribles qu'ait connues l'Humanité, et inventer des institutions politiques fixant des politiques communes pour la protéger et la renforcer, est un modèle d'union sans précédent dans l'Histoire.
Ce modèle s'est forgé, affiné et renforcé au fil du temps grâce à deux unions : une union commerciale et une union monétaire. Elles restent encore fragiles aujourd'hui, surtout en période de crise économique.

Quels sont les fondements et les effets de ces unions ?

La pérennité de ces unions est parfois mise en doute. Il faut pourtant espérer qu'elles durent et même tout faire pour qu'elles se consolident grâce à des règles économiques et sociales humanistes uniques, plutôt qu'avec celles de la rigueur généralisée. Car c'est dans l'épreuve que l'on peut juger de la force et de la solidité de l'Union.
L'union européenne a ouvert son espace économique au libre échange, en y intégrant les États de l'Europe de l'Est, sans avoir mis en place une harmonisation sociale limitant les effets d'une concurrence déloyale, celle du *dumping social*, entre ses membres.
L'Union a rassemblé dix sept États autour d'une monnaie unique. Ils ont abandonné leur souveraineté monétaire au profit d'une banque centrale européenne indépendante qui ne peut pas leur accorder directement des prêts. Cela oblige ainsi les États de la zone euro à se financer sur le marché financier, donc à s'endetter.
Malgré ces unions, les États membres ne parviennent toujours pas à coordonner leurs politiques économiques et sociales.

L'union pourrait se transformer en désunion si le *chacun pour soi* continue de primer sur la solidarité. Le processus d'intégration européenne peut-il se poursuivre avec une Europe sans tête ? Devant ces risques de rupture, comment l'Europe, couronnée du prix Nobel de la paix en 2012, pourra-t-elle affronter les défis de la mondialisation ?

1) L'Europe économique et commerciale

« *Unis dans la diversité !* » (La devise de l'Union)

a) La réalisation de l'Union Européenne à travers les échanges

C'est à partir des échanges que l'Europe économique s'est construite. C'est donc par le marché que les Nations vont rechercher à s'unir et à faire la paix. Les liens commerciaux sont ainsi pacificateurs. Comment ?

1. D'abord en réalisant un Marché commun (1968)...

Les États européens signataires du Traité de Rome en 1957 n'ont pas seulement constitué une zone de libre échange. Ils ont fait plus que cela : ils ont créé un Marché commun, à savoir une union douanière qui consistait à éliminer les droits de douane internes et à établir un tarif commun vis-à-vis de l'extérieur. (fig.20)

(fig.20)

Ce marché commun entre les États, fondé sur l'union douanière, a fait naître de nouveaux échanges commerciaux entre les États membres et a renforcé la préférence communautaire. Certains États producteurs non membres de l'Union commerciale ont été écartés au profit d'entreprises européennes parfois moins performantes. Mais qu'importe, il s'agissait d'encourager et de développer les échanges intra-communautaires. Finalement, cette union douanière s'apparentait à une forme de protectionnisme.
Ce processus d'intégration commerciale s'est fortement ralenti durant la fin des années 1970 à cause de la crise du SMI (Système monétaire international) et de la récession. Si les barrières douanières au sein de la CEE avaient disparu, de nombreuses barrières non tarifaires continuaient à cloisonner les marchés, telles que les normes et les réglementations nationales. De plus, la libre circulation des capitaux et des hommes demeurait théorique du fait des réglementations nationales. Ces insuffisances du marché commun ne permettaient pas d'apporter tous les bénéfices attendus de l'Europe des marchés aux consommateurs et aux entreprises.
C'est pourquoi, les États européens vont aller encore plus loin dans le processus d'intégration commerciale. Cette volonté d'aller toujours plus loin, qui rythme la marche de l'Europe, va se concrétiser par la signature de l'Acte unique européen en 1986 qui donnera naissance au marché unique en 1993.

2. … Ensuite par un marché unique (1993)

La constitution de ce grand marché unique fait entrer définitivement l'Europe dans une logique de libre échange où règne la libre concurrence. L'Europe des marchés s'institutionnalise définitivement.

Comment ?

Les maîtres mots de cette union commerciale sont : *compétitivité, libre concurrence et marché.* Ces mêmes mots, nous les retrouvons dans tous les traités européens, contrairement aux mots : *progrès social, équité, humanisme, culture européenne, emploi, bien être social…*
L'Europe commerciale passe avant l'Europe sociale, tel est le choix des dirigeants européens.

Le développement se fait d'abord par le commerce car lui seul peut garantir la paix. Les pays partageant les mêmes intérêts économiques et commerciaux ne se font jamais la guerre : **c'est la théorie de la pax democratica.**

Le marché, en garantissant la paix, garantit la prospérité des Nations. D'où la nécessité d'aller encore plus loin dans l'intégration commerciale en réalisant en 1993 un marché unique sans frontières intérieures, fondé sur trois libertés. (fig.21)

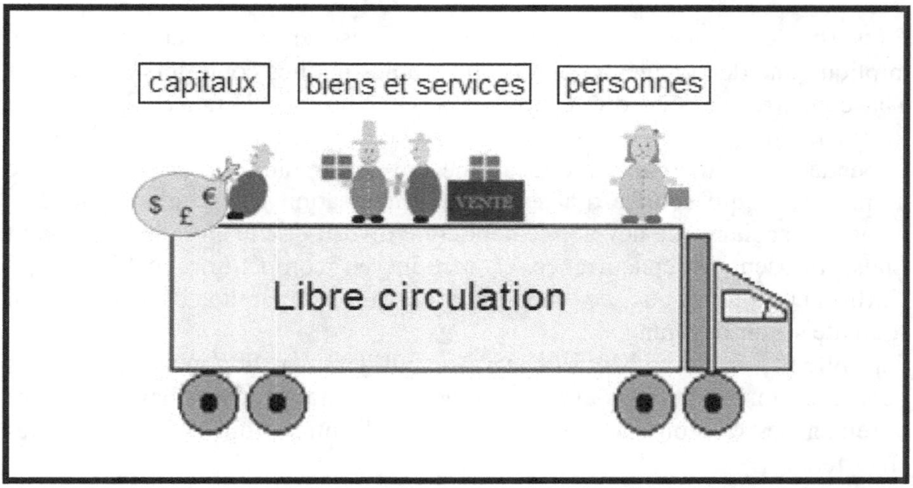

(fig.21)

- **La libre circulation des biens et des services**

Elle consiste à supprimer tous les obstacles à leur libre circulation, par exemple l'abolition des taxes douanières entre les États. Les marchandises circulent désormais librement entre les 28 États.
Pour permettre aux produits de circuler librement, les États européens ont harmonisé leurs normes ainsi que certaines de leurs réglementations.
Le marché unique est aujourd'hui une réalité grâce à la suppression des taxes et des formalités douanières.
Les services reposent sur la même logique. Leur libre circulation se fonde sur deux principes :
- La libre prestation, qui autorise une entreprise européenne à proposer ses services à partir de son pays d'origine tout en restant assujettie à la réglementation de ce dernier (exemple de la directive des services : *l'affaire du plombier polonais en 2005 proposant ses services en France* tout *en étant*

assujetti à la réglementation polonaise qui est bien plus avantageuse que celle de la France).
Depuis cette affaire, la directive a été modifiée. Elle ne contient plus le terme pays d'origine.

- La liberté d'établissement, qui permet à une entreprise de pouvoir commercialiser ses services dans le pays membre de son choix, aux mêmes conditions que les entreprises du pays d'accueil. C'est le principe de la non-discrimination.

En vertu des règles de la concurrence, la mise en œuvre de ces libertés implique une dérèglementation des monopoles publics contraints de s'ouvrir à la concurrence donc d'être privatisés. (Exemples en France : E.D.F., La Poste).
Cependant, ce marché unique forme un ensemble qui est loin d'être homogène et qui souffre d'absence d'harmonisation fiscale et sociale. Les inégalités sociales, de développement et de niveau de vie entre les vingt-huit États, faussent la concurrence et mettent en compétition les États qui s'affrontent plutôt que de coopérer ; ce qui est paradoxal lorsque l'on souhaite s'unir davantage.
Par ailleurs, les marchandises ne peuvent circuler librement que si les personnes circulent elles-aussi librement. On ne peut pas laisser passer librement les camions de marchandises à la frontière tout en contrôlant les chauffeurs.

- **La libre circulation des personnes**

En application des accords de Schengen (1991), les États européens signataires de cette convention ont supprimé les contrôles des personnes aux frontières. Mais les différences culturelles et linguistiques freinent la mobilité des personnes malgré la reconnaissance mutuelle des formations et des diplômes. Dans le même esprit, les contrôles aux frontières des capitaux ont été supprimés.

- **La libre circulation des capitaux**

Les réglementations visant à limiter les mouvements de capitaux ont été supprimées (suppression du contrôle des changes entre les États membres).
Cette libre circulation des capitaux se heurte toutefois à des disparités fiscales et sociales qui faussent leur concurrence et les détournent des investissements. Or, à défaut d'harmonisation fiscale, cette volatilité des capitaux nuit à la solidarité européenne en encouragent les égoïsmes nationaux.

Le marché unique conduit l'Europe à s'agrandir en faisant entrer dans son marché de nouveaux États européens. Ce fut le cas de l'entrée des États de l'Europe de l'Est. Plus le marché est grand, plus les échanges sont importants, et plus les échanges se multiplient, plus la croissance est forte. Telle est la logique du libre échange.
Mais quels sont les effets de cette union commerciale à travers un gigantesque marché de plus de 500 millions de consommateurs ?

b) Les effets de cette union commerciale

Cette interdépendance économique garantit la paix entre les Nations européennes parce qu'elle procure des avantages aux pays européens.

Lesquels ?

1. Les avantages du Marché intérieur unique

Les effets macro-économiques sont les suivants :

- Le marché unique stimule les échanges entre les États membres du fait de la grande taille de ce marché. Ce qui permet aux entreprises de produire à grande échelle et de réduire leurs coûts fixes. Grâce à ces nouveaux débouchés intra-branches, les entreprises ont élargi leurs gammes de produits proposés aux consommateurs. Elles se développent en détournant le trafic au profit du commerce intra-communautaire.
  Certaines fragmentent leur production à l'échelle européenne afin d'améliorer leur compétitivité et n'hésitent plus à externaliser une partie de leur production (exemple : les constructeurs automobiles allemands) ou à produire dans un autre État européen pour mieux adapter leur offre à la demande (exemple : Renault pour la fabrication de la Logan en Roumanie).

- Cet essor des échanges commerciaux intracommunautaires facilité par les suppressions des frontières intérieures et des entraves non tarifaires, a accéléré la croissance et a permis des créations d'emplois. De nombreux États européens ont vu leur PIB s'accroître grâce à leur entrée dans l'Europe et à leur intégration au grand marché (exemple : l'Espagne, le Portugal, la Grèce et les pays de l'Europe de l'Est). En effet ces États se sont développés depuis leur entrée dans l'Europe.

- L'ouverture des marchés accroît la concurrence et donc permet une convergence à la baisse des prix. Elle stimule aussi l'innovation. Ce qui est profitable aux consommateurs.

- Les investissements directs de l'étranger se sont fortement renforcés en Europe et notamment en France. L'Union européenne est le continent qui reçoit le plus d'investissements venus de l'étranger. L'implantation d'une firme étrangère dans un pays européen lui permet d'accéder à tous les marchés (exemple : des constructeurs automobiles japonais et coréens).

Mais à côté de ces nombreux avantages, ce gigantesque marché où règne la loi de la concurrence, présente de nombreuses limites. Lesquelles ?

2. Les limites du Marché intérieur unique

Depuis son dernier élargissement en 2013 avec l'entrée de la Croatie, l'union européenne forme un ensemble qui est bien loin d'être homogène. A quinze, on observait une certaine homogénéité des niveaux de vie et de développement entre les États. Dans ce cas, le marché permettait, malgré l'absence d'harmonisation sociale, de mieux répartir les gains des échanges entre les pays.

A vingt-huit, les écarts de développement, de fiscalité, de protection sociale notamment avec les Pays de l'Europe centrale et orientale (PECO), sont tels qu'un marché unique sans harmonisation sociale et fiscale fait craindre une rupture de l'union.
Cette crainte pourrait s'amplifier dans ce contexte de crise des dettes souveraines qui met à mal certaines économies européennes asphyxiées par la politique d'austérité (cf. les cas de la Grèce et de l'Espagne).
En effet à défaut d'harmonisation des régimes de protection sociale, la concurrence est faussée et conduit à un nivellement par le bas en encourageant le *dumping* fiscal et le *dumping* social. Cette concurrence faussée accroît inévitablement les délocalisations dans les États à faible coût du travail et aggrave le chômage.

Ces divergences risquent de créer des tensions politiques et sociales entre les États européens d'autant qu'elles sont encore plus fortes en période de récession. Elles pourraient même remettre en cause les fondements de l'Europe tels que la paix et la démocratie en provoquant la désunion des États européens. La concurrence sans règles communes ne peut qu'aggraver ces risques. Elle favorise l'individualisme au détriment de la solidarité.

De plus, l'ouverture des frontières commerciales, en intensifiant la concurrence encourage la concentration des entreprises, la réalisation des fusions et des restructurations afin de mieux affronter la concurrence.
Ce qui conduit à la constitution d'oligopoles et, donc à la réduction de la concurrence.

CONCLUSION :

Le grand marché unique pourrait être une opportunité pour le développement de l'Europe à condition qu'il y ait une convergence sociale. L'Europe sociale devient indispensable pour continuer le processus d'intégration de l'Europe. Il faut une locomotive qui anticipe et qui puisse tirer les wagons européens. Or, aujourd'hui ce n'est pas le cas, car la priorité reste l'économie, et c'est l'austérité qui est choisie pour sortir de la crise de la dette publique.

La réussite de l'Europe ne pourra se faire que par l'union. Or la concurrence sans harmonisation sociale et fiscale, conduit les Nations à l'affrontement et à l'individualisme (c'est l'essence même de la concurrence) et donc fragilise leur union.
Cette union s'est faite par les échanges sur les bases de la concurrence libre et non faussée. C'est la voie qui a été choisie pour garantir la paix. Aujourd'hui, cette concurrence est faussée par l'absence de politiques de correction des hétérogénéités de l'union européenne.

Parallèlement, cette union commerciale s'est aussi renforcée par la mise en œuvre de politiques communes comme, par exemple : la Politique agricole commune (PAC). Créée en 1962, la PAC, négociée avec l'Allemagne à l'initiative de la France et des Pays Bas pour compenser les exportations industrielles allemandes, visait à assurer l'autosuffisance et la sécurité alimentaire en Europe.

Pour développer l'agriculture, trois mécanismes ont été mis en place :

- Libre circulation des produits agricoles entre les États membres.
- Fixation et administration des prix agricoles par la commission de Bruxelles garantissant les revenus des agriculteurs. Les prix n'étaient plus soumis à la loi de l'offre et de la demande du marché.
- Instauration d'un tarif douanier commun, protégeant les États européens contre la concurrence, en incitant à la préférence communautaire afin de limiter les importations et en octroyant des subventions pour soutenir les exportations, lorsque les prix européens sont supérieurs aux cours mondiaux.

La PAC a permis à l'Europe de devenir la deuxième puissance agro-alimentaire mondiale après les États-Unis et d'être autosuffisante sur le plan alimentaire.

Mais dès la fin des années 1980 elle rencontre des difficultés. La garantie des prix agricoles a poussé les agriculteurs à produire toujours plus sans se soucier de la qualité de leurs produits. Cette production intensive a provoqué des excédents agricoles (lait, vin par exemple). Aussi pour faire face à cette surproduction, les dirigeants européens ont limité l'offre en instaurant des quotas et en mettant en jachère des terres. De plus, ils ont conditionné les subventions aux exportations à des critères environnementaux afin d'encourager une agriculture plus respectueuse des écosystèmes.

Désormais, dans le cadre de l'OMC, soumis à la loi de l'offre et de la demande, les prix agricoles étant de moins en moins administrés et garantis, la PAC va devoir se réformer.

La PAC est devenue très coûteuse pour l'Europe, mais beaucoup d'États en ont profité. Une renationalisation de la politique agricole européenne permettrait de réduire ce coût mais au risque de rendre l'Europe dépendante des importations. La logique libérale pourrait ainsi fragiliser l'agriculture européenne.

Le marché unique a démontré que les échanges tissent les liens entre les États membres, les amènent à mettre en place des politiques communes (la PAC) qui sont le résultat de négociations intéressées ou de compromis faisant passer d'abord l'intérêt national. Cela démontre une fois de plus la difficulté qu'il y a, à créer et à développer une identité européenne.

L'euro ne serait-il pas aussi un moyen pour instaurer cette identité européenne ?

2) L'Europe monétaire

« L'union fait la force »

La construction de l'Europe monétaire s'est faite en réaction à l'effondrement du système monétaire international de Bretton-Woods vers la fin des années 1970. Il fallait retrouver une organisation monétaire face aux fluctuations des taux de change pénalisant les échanges. Les Européens, voulant renforcer leur union commerciale, ont cherché d'abord à mettre en place, en 1979, un système de change fixe entre leurs monnaies en se référant à une forme d'étalon : l'Écu (unité de compte composée d'un panier pondéré de monnaies européennes en fonction du poids économique des États membres, permettant de définir un cours pivot servant de référence pour déterminer les parités des devises deux à deux). Les monnaies ne pouvaient fluctuer que de plus ou moins 2, 25 % par rapport à ce cours pivot. Pour qualifier ce système, on parlait de serpent monétaire dans le tunnel. (fig.22)

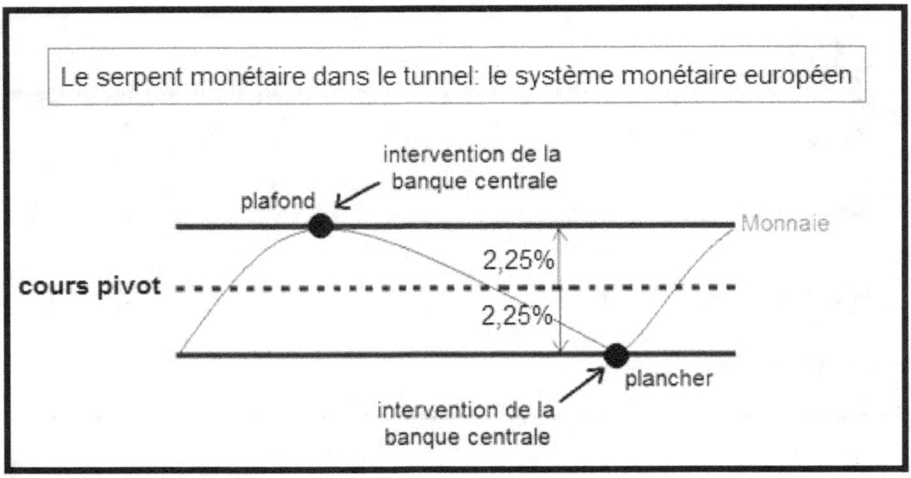

(fig.22)

Les États ne pouvant plus respecter les fluctuations sortaient du tunnel en réévaluant leur monnaie ou en la dévaluant. Les banques centrales étaient obligées d'intervenir lorsque leur monnaie atteignait leur cours plafond ou plancher afin de rester dans le tunnel en vendant ou achetant leur propre monnaie. Cette gestion instaurait une discipline monétaire pour accroître et sécuriser les échanges en réduisant l'inflation.
La plupart des monnaies cherchaient à se coller à la monnaie allemande : le Deutsche Mark, monnaie la plus souvent appréciée.
Cependant, durant les années 1990, sous la pression des vagues successives de spéculation, la volonté de respecter la discipline monétaire et de rester proche du Deutsche Mark va contraindre les pays à pratiquer des politiques monétaires restrictives en augmentant leurs taux d'intérêt au prix d'un ralentissement de l'activité économique et d'une hausse du chômage. Qu'importe ! La monnaie et l'inflation sont prioritaires à l'emploi. Ce qui est d'ailleurs toujours le cas aujourd'hui pour l'Europe.
Il devenait donc difficile et coûteux aux États de maintenir leur monnaie dans le tunnel. Les dévaluations répétitives, résultat de leurs divergences économiques, vont réduire les échanges et la croissance. Le système monétaire avait atteint ses limites. Il fallait donc le réformer. Mais comment ? Accepter le flottement des monnaies européennes provoquerait la fin de leur union. Ce qui n'était pas envisageable, d'autant plus, que l'Allemagne se réunifiait à la suite de l'effondrement du mur de Berlin en 1989.
L'Allemagne unifiée, ancrée à l'Europe, pouvait faire naître une suprématie du Mark sur l'ensemble de l'Europe. Un risque que ne voulaient surtout pas prendre les pays comme la France et l'Italie. D'où l'idée, pour pallier ce risque, de créer une monnaie unique.

La crise du système monétaire européen a finalement fait émerger l'idée d'une monnaie unique. Et avec une monnaie unique, l'Allemagne renonçait à la suprématie de sa monnaie. Mais elle a toutefois imposé ses propres règles pour définir l'euro. Celles-ci subsistent toujours actuellement.
Ce projet de monnaie unique sera réalisé en 1999 et l'euro sera introduit en 2002.

Quelles sont les raisons de cette monnaie unique ? Quelles sont les conditions pour l'adopter ? Et quels sont ses effets ?

a) Les raisons et les conditions de cette union monétaire

L'union monétaire européenne a été définie par le traité de Maastricht en 1992.
Le 1er janvier 1999 est instaurée la monnaie unique européenne. Cet évènement constitue une étape majeure dans la poursuite de la construction de l'Europe.
A compter du 1er Janvier 2002 les monnaies nationales ont disparu. Depuis 2012, dix sept États composent la zone euro : Allemagne (entrée en 1999), Autriche (1999), Belgique (1999), Chypre (2008), Espagne (1999), Estonie (2011), Finlande (1999), France (1999), Grèce (2001), Irlande (1999), Luxembourg (1999), Malte (2008), Pays Bas (1999), Portugal (1999), Slovaquie (2009), Slovénie (2007). Ils ont donc abandonné leur souveraineté monétaire au profit de la Banque Centrale Européenne qui conduit désormais leur politique monétaire.

1. Les raisons du choix d'une monnaie unique

« *L'euro, une nécessité plus qu'une passion ?* »

- <u>**Les raisons politiques**</u>

- L'euro est né d'un compromis s'inscrivant dans le contexte géopolitique de l'Europe du début des années 1990.
  La monnaie unique est apparue comme une nécessité pour éviter que la suprématie de la monnaie allemande s'impose au sein de l'union européenne après la chute du rideau de fer en 1989. Elle était donc le moyen pour les autres États membres, d'ancrer l'Allemagne à l'Union sans le mark.

La décision de réaliser la monnaie unique se fonde donc sur un compromis politique par lequel l'Allemagne unifiée devait abandonner sa monnaie et son leadership monétaire afin de faire accepter à ses partenaires européens sa réunification.
Finalement, elle a accepté, mais en imposant ses conditions, faisant de l'euro un Mark bis.

- La monnaie unique est aussi un moyen de rendre l'Europe encore plus unie, et d'en faire une grande puissance économique et monétaire pouvant relever les défis de la mondialisation. En effet, avec une monnaie unifiant dix-sept États sur le continent, l'Europe devient un acteur majeur sur la scène économique internationale.

- L'euro est aussi un vecteur culturel poursuivant le processus d'intégration. Il devrait faire émerger une conscience européenne, une identité européenne permettant de fédérer ou de rapprocher les pays membres de l'Union partageant la même monnaie. Il doit faire naître un sentiment européen à tous ses adhérents et une volonté de vivre ensemble. Il est cependant très ambitieux de vouloir attribuer autant de pouvoir à une monnaie. Certes, la monnaie tisse des liens économiques et commerciaux et rapproche les Nations entre elles. Mais ce ciment économique ne peut se substituer au ciment politique. C'est pourquoi l'Europe reste avant tout une union économique. Les principales raisons de son union monétaire sont principalement d'ordre économique.
Mettre en place l'euro répondait à une volonté d'accroissement de l'efficacité du marché unique. Après la libre circulation des marchandises et la mise en place de l'espace Schengen, davantage d'intégration ne pouvait se concevoir sans la création d'une monnaie unique.

▪ <u>**Les raisons économiques de la monnaie européenne**</u>

Pourquoi une seule monnaie ?

- **Pour rendre le marché unique, il faut une monnaie unique**

L'euro représente la suite logique du marché unique. Il permet de supprimer les risques et les coûts liés au change et facilite ainsi les échanges intra-communautaires. Il n'y a plus besoin de se couvrir contre les risques des variations des taux de change.

- **Pour rendre plus transparent et concurrentiel le marché unique**

  La concurrence devient moins faussée grâce à la suppression des dévaluations compétitives. Les consommateurs peuvent plus facilement comparer les prix des produits de la zone euro. Cette transparence devrait profiter aux consommateurs en favorisant la baisse des prix.

- **Pour renforcer la confiance des investisseurs**

  Associer au marché unique une monnaie unique rend les marchés européens plus attractifs pour les investisseurs en raison de la stabilité monétaire. L'euro ayant la crédibilité du Mark, rassure les investisseurs étrangers et attire les capitaux. Cela permet aux entreprises de se procurer des moyens financiers supplémentaires nécessaires à leur développement.

L'euro est finalement plus un mariage de raison que de passion !
Toutes ces raisons expliquent la réalisation de cette union monétaire. Cependant, pour y parvenir les États doivent remplir certaines conditions monétaires assez strictes. Pour entrer dans la zone euro, ils doivent respecter cinq critères de convergence.

Lesquels et pourquoi ?

2. Les conditions d'accès à l'euro

Les critères de convergence (critères de Maastricht) sont des conditions fondées sur des indicateurs économiques et monétaires que doivent respecter les pays membres de l'union européenne ainsi que les candidats à l'entrée de la « zone euro ». Ils imposent avant tout la maîtrise de l'inflation, la rigueur budgétaire et l'encadrement de la dette publique. (fig.23).

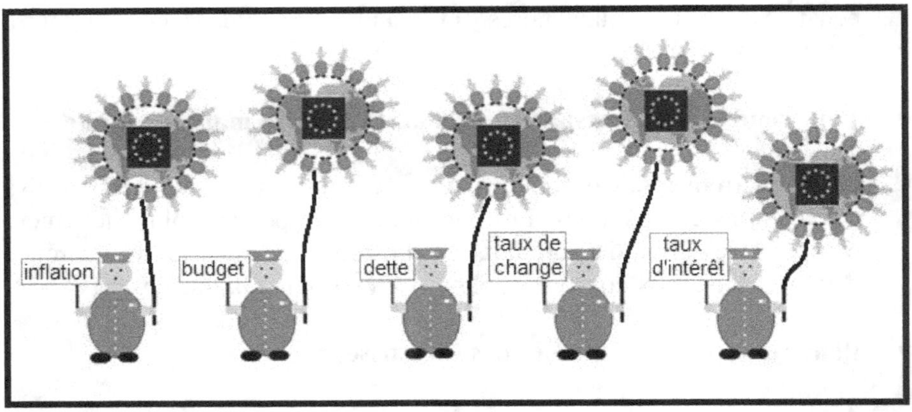

(fig.23)

- **<u>Les cinq critères de convergences</u>**

«Moins de souveraineté nationale pour plus de souveraineté européenne »

L'entrée des États dans la « zone euro » est subordonnée au respect de cinq critères, avant tout monétaires.

- L'inflation doit être maîtrisée. Le taux ne doit pas excéder plus de 1.5% du taux moyen des trois pays de l'union où l'inflation est la plus faible.
- Maîtrise du déficit budgétaire qui ne doit pas dépasser 3 % du P.I.B.
- La dette publique ne doit pas excéder 60 % du P.I.B.
- Les taux d'intérêt à long terme ne doivent pas dépasser 2 % de la moyenne des trois pays qui enregistrent les taux les plus bas.
- Respect des marges normales de fluctuation du taux de change prévues par le système monétaire européen pendant deux ans avant l'adhésion.

Robert MUNDELL (1932, -) : Prix Nobel en 1998 et premier théoricien de l'euro. Il a démontré à travers les zones monétaires optimales que la zone euro ne peut être considérée comme une zone optimale. Pour le devenir, il lui faut davantage d'intégration grâce à des politiques communes respectant à la lettre ces critères de convergence. En effet le respect de tels critères permet une unification obligeant ainsi les pays à faire les mêmes choix face à des chocs économiques asymétriques. Il en conclut le caractère inévitable de politique de coordination.

Ces critères imposent donc une solidarité et une coordination sans faille aux pays, avant leur entrée et après, notamment par le respect du pacte de stabilité de croissance. Celui-ci n'a pratiquement jamais été respecté, y compris par l'Allemagne.
La monnaie unique suppose que cette volonté de vivre ensemble se traduise dans les actes lors de chocs asymétriques.
Malheureusement, ce n'est pas le cas. La solidarité européenne a montré sa fragilité lors de la crise financière et de la récession en 2008, mais aussi lors de la crise des dettes souveraines en 2010/2011 (exemple de la Grèce).
Un déséquilibre économique (choc asymétrique) affectant l'un des dix-sept membres de la zone oblige à la mise en œuvre de solutions solidaires des autres.
Le *« un pour tous, tous pour un » (devise des trois mousquetaires d'Alexandre Dumas)* permet un fonctionnement optimal de l'euro. Cependant, cette devise ne s'est pas appliquée à l'Europe lors de la récession de 2009 et de la crise des dettes publiques en 2010/2011.

- **Les politiques économiques au sein de la zone euro**

La politique économique qui découle de l'application de ces critères est fondée sur la stabilité des prix et l'assainissement des finances publiques. Elle constitue la seule voie possible d'une croissance durable. Elle considère que seule l'offre est le moteur de la croissance, car celle-ci crée la demande.

Jean-Baptiste SAY (1767- 1832) : économiste français classique ou « libéral ». Il a démontré à travers la loi des débouchés que c'est l'offre qui crée la demande, car les revenus proviennent de l'offre. Comme les revenus déterminent le niveau de la consommation, il faut donc selon cette théorie libérale, stimuler l'offre afin d'assurer les débouchés des entreprises. Cette théorie s'oppose à l'économie fondée sur la demande d'inspiration Keynésienne. Sa pensée sert de référence à la politique libérale qualifiée de politique de l'offre.

La politique monétaire quant à elle, est désormais conduite par la Banque Centrale Européenne.
Elle détermine la politique monétaire des pays de la zone euro, dont l'objectif premier est la stabilité des prix. Elle fixe elle-même à partir de cet objectif, les taux d'intérêt.
De plus, son indépendance à l'égard des États membres, lui interdit de pouvoir financer leurs déficits budgétaires. Cette interdiction prévue par le traité, contraint les États à se financer sur les marchés financiers et les rend dépendants.

Les marchés financiers dictent plus ou moins les politiques économiques aux États (exemple de la politique d'austérité en Europe).
Les pays partageant l'euro sous l'égide de la Banque Centrale Européenne, ont les mêmes taux d'intérêt et le même taux de change, et ce quelque soit leur niveau de croissance ou de leur conjoncture.
Cela est problématique, dès lors que les États ne disposent plus des mécanismes d'ajustement faisant fonctionner automatiquement la solidarité entre les États.

Cependant, chaque État demeure encore souverain dans sa politique budgétaire. Il doit respecter l'objectif de 3 % de déficit budgétaire par rapport au P.I.B. Or depuis la crise des dettes publiques européennes de 2010/2011, les États de la « zone euro », à l'initiative de l'Allemagne, ont cherché à encadrer cette souveraineté par la signature du traité sur la stabilité, la coordination et la gouvernance en 2012, afin de réduire fortement les dépenses publiques qui sont à l'origine, à leurs yeux, des déficits budgétaires responsables de la crise.
Ce traité qualifié de traité de « l'austérité » par certains acteurs économiques, verrouille la politique budgétaire des États membres en instaurant un droit de contrôle sur leur loi des finances. On peut dès lors, s'interroger sur l'efficacité d'un tel choix.

Faire une monnaie unique sans une politique de coordination unique, ne risquerait-il pas de mettre en péril l'avenir de l'Europe ?

Quels sont les effets de l'euro ? Son bilan est-il plutôt positif ou négatif ?

b) Les effets de l'euro : un bilan contrasté…

1. Une réussite mitigée…

L'euro était censé unir les économies européennes et permettre aux pays membres de se financer aux meilleures conditions et d'éviter les mouvements spéculatifs qu'ils avaient connus dans le système monétaire européen. Le pari n'a été gagné que partiellement.

- **<u>Un succès temporaire pour les économies</u>**

Pourquoi ?

Comme nous l'avons évoqué précédemment, l'euro a permis un essor des échanges garanti par la stabilité monétaire, et donc, a stimulé la croissance européenne dans l'ensemble des pays de la zone entre 1999-2008.
Il a permis une baisse considérable des taux d'intérêt. Les pays membres ont pu ainsi accéder à des conditions de financement assez avantageuses pour financer leur croissance. (Irlande, Espagne).
Cette stabilité monétaire a attiré des capitaux et des investissements étrangers.

De plus, il a aussi atténué les effets de la crise financière de 2007/2008, évitant sa propagation à l'ensemble des pays de la zone. Certes, les États ont réussi à éviter une panique bancaire, voire un effondrement du système bancaire, mais au prix d'une explosion des dettes publiques pour relancer les économies en 2009.

- **<u>Un avantage relatif pour les entreprises</u>**

En rendant les marchés plus transparents, il a facilité la concurrence. Celle-ci a favorisé les entreprises et plus particulièrement les grandes. Elles ont pu produire à l'échelle européenne et externaliser une partie de leur production afin de réduire leurs coûts fixes. Cette production, à grande échelle, a été un moyen d'améliorer leur compétitivité.
Mais l'entreprise européenne reste encore bien fragile, voire quasi-inexistante malgré quelques formes de coopération industrielle (Production de l'Airbus).

2. … Et des limites bien réelles

- **<u>Pour les économies de la zone euro</u>**

Lesquelles ? Et pour quelles raisons ?

- **Les limites liées aux contraintes d'appartenance à l'euro**

La monnaie unique a fait disparaître deux instruments monétaires utilisés par les États pour faire face à des chocs économiques conjoncturels : la politique monétaire et la politique du taux de change.
Ils ne peuvent plus recourir à la dévaluation monétaire pour relancer leurs exportations et retrouver une compétitivité à court terme.
Cette limite se trouve encore plus forte, dès lors, que les États divergent sur le niveau de parité de l'euro.
En effet, l'Allemagne est partisane d'un euro fort car les 2/3 de ses importations proviennent de l'extérieur de l'union. Ses exportations qui tirent sa croissance, sont largement fondées sur une spécialisation industrielle s'appuyant sur une compétitivité hors prix (qualité, innovation, produits haut de gamme..). Alors que la France est plutôt favorable à un euro moins fort, car ses exportations pâtissent d'une appréciation de la monnaie unique. Devant de telles divergences d'appréciation monétaire, les États confrontés à des difficultés économiques ne peuvent pas ajuster librement leur économie puisqu'ils n'ont plus la souveraineté monétaire.
De plus, ils ne peuvent pas non plus relancer leur économie par une variation des taux d'intérêt, voire même, par une légère inflation. Ces variables sont du ressort de la Banque Centrale Européenne. Celle-ci se soucie davantage de la stabilité des prix plutôt que de la croissance et du chômage. Elle se désintéresse de l'évolution du taux de change dès lors qu'elle ne menace pas la stabilité des prix.
Dans ces conditions, les États ne peuvent que subir les effets d'une mauvaise conjoncture et ne peuvent que demander encore plus d'efforts à leur population, au risque de faire naître des tensions sociales.

En outre, cette perte de souveraineté monétaire oblige les États de la « zone euro », à recourir à l'emprunt sur le marché financier pour financer leurs déficits budgétaires, ce qui accroît leur endettement et leur dépendance à l'égard des marchés en proie aux spéculateurs.

Faute de pouvoir utiliser ces instruments de la politique économique, un État membre de la « zone euro » ne peut s'ajuster à un choc asymétrique qu'en ayant recours à une flexibilité du travail, c'est-à-dire en *déprotégeant* le salarié donc en précarisant le travail, ou en réduisant la protection sociale donc en faisant accepter une régression sociale, ou encore par une réduction du niveau des salaires et de l'emploi.
L'euro rend donc inévitable la mise en place progressive de ces modes d'ajustement en Europe, dans laquelle les concurrences fiscale et sociale se substituent à la concurrence par les prix ou par la monnaie.

- **Les limites liées à l'absence de coordination**

La création de l'euro a répondu à une volonté de renforcer l'intégration européenne, mais sans mettre en place des politiques de coordination permettant aux États de remédier ensemble aux chocs asymétriques qui frappent un État membre (exemple de la Grèce).
L'euro repose sur cette croyance fausse, qu'il ne peut fonctionner, que si tous les États européens sont homogènes et répondent de manière identique à un choc économique asymétrique. Or ce n'est pas le cas, car les États européens malgré leur monnaie unique sont restés des économies hétérogènes. (fig.24). L'euro repose sur deux piliers contradictoires : une fédération monétaire et une confédération budgétaire qui rendent impossible toute solidarité.

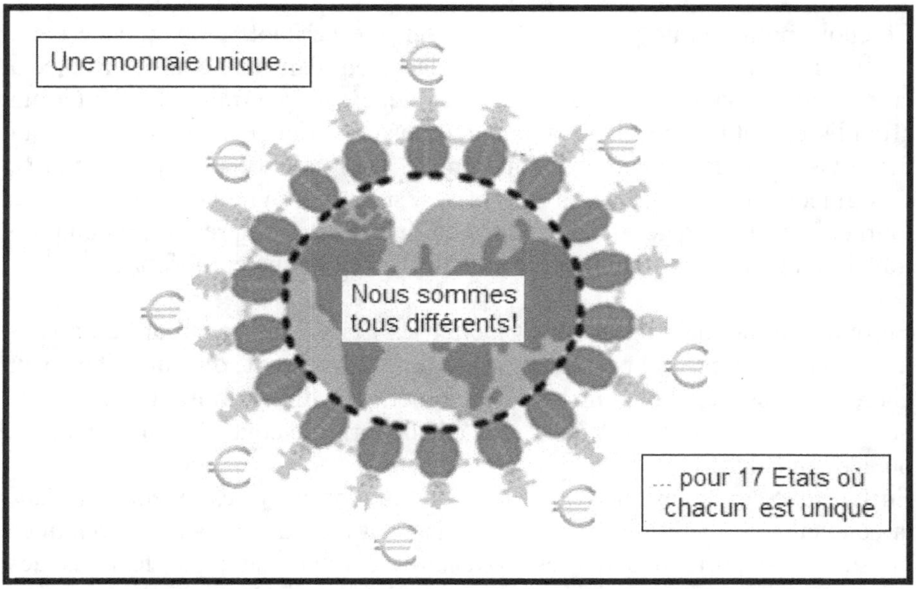

(fig.24)

Dans les États fédéraux utilisant la même monnaie (exemple : les États-Unis), les différentiels de croissance ou de compétitivité sont compensés par un mécanisme d'ajustement dont la zone euro est dépourvue : un budget fédéral qui permet d'organiser la solidarité entre les États les plus performants et les moins performants. Un État confronté à de graves difficultés peut ainsi être aidé par les transferts des autres.
Cette politique de coopération fait défaut dans la zone euro, car le budget européen est dérisoire. Un impôt européen permettrait de renforcer l'Union et faciliterait la mise en place d'une harmonisation fiscale.
Or les États ne se sont accordés que sur une coordination minimale en plafonnant leur déficit budgétaire à 3% du PIB et en s'engageant sur la règle d'or (traité budgétaire européen TSCG) prônant l'orthodoxie budgétaire et la réduction des dépenses publiques.
La coordination s'effectue ainsi par la pratique d'une baisse des dépenses publiques à défaut d'un dispositif budgétaire coopératif.

Alors comment peut-on, dans ce contexte, élaborer un New Deal européen ou réindustrialiser l'Europe ?

Ce choix politique ne permet pas de créer une véritable convergence entre les États de la zone. Si tous les États se lançaient dans une course effrénée à la réduction massive des dépenses publiques, il pourrait en résulter un affaiblissement très net de la demande (consommation + investissement) qui devrait se traduire par une diminution de la croissance et par une hausse vertigineuse du chômage. Les entreprises, surtout les grandes, pourraient se tourner vers davantage d'exportations au prix d'une compression du coût du travail qui ne ferait qu'aggraver la situation économique européenne.

En outre, la monnaie unique peut inciter les États de la zone euro à adopter un comportement de passager clandestin. Autrement dit, un État peut chercher à essayer d'obtenir les effets bénéfiques d'une politique de relance de ses partenaires commerciaux, sans en supporter le coût (déficit budgétaire ou endettement).
En l'absence de coordination, ce type de comportement est encouragé dans la zone euro. La politique de relance d'un État a un impact sur la croissance ou sur les exportations de ses partenaires commerciaux par le biais des échanges. (Ce fut le cas de la Grèce avec l'Allemagne pour la préparation des jeux olympiques d'Athènes 2004, l'endettement de la Grèce pour cette

réalisation a profité aux exportations allemandes, donc à la croissance de l'Allemagne.).

- **<u>Pour les consommateurs de la zone euro</u>**

Les consommateurs ont eu l'impression que le passage à l'euro a favorisé la hausse des prix, bien que celle-ci ne soit pas confirmée par l'indice des prix de l'INSEE. Ce ressenti bien réel est surtout le résultat d'une modération des revenus des ménages depuis le passage à l'euro.

CONCLUSION :

Une union monétaire suppose de franchir les étapes de l'intégration fiscale, budgétaire et sociale. Ces étapes ont toujours été repoussées pour finalement ne jamais se réaliser et ce alors même qu'elles permettraient de renforcer l'homogénéité de l'Europe qui fait tant défaut aujourd'hui. Les dirigeants européens ont choisi la voie de la rigueur budgétaire qui limite l'intervention de l'État en économie au profit de celle du marché : la loi du plus fort. La monnaie unique est une côte mal taillée pour tous les pays de la zone euro car elle convient mieux aux pays les plus performants. L'euro fonctionne bien lorsque la conjoncture économique est bonne et se fissure face à des difficultés économiques faute de mécanismes d'ajustement entre les États européens.
Cette impossibilité d'ajuster ou de réguler leurs économies par le taux de change et le budget, leur est très coûteuse, car l'ajustement ne peut se faire qu'au prix d'une austérité sévère et impopulaire.
L'euro a été un vecteur du creusement des écarts de compétitivité, qui conduit en l'absence de gouvernance économique réelle, à une régression sociale.
Ceci nous montre que le processus de l'Europe est toujours en cours de construction malgré ses risques. En effet, après les intégrations commerciales et monétaires, les États européens poursuivent la longue marche de l'intégration.
Le choix consiste aujourd'hui à déterminer s'il faut poursuivre ce long chemin ou prendre une variante. L'Europe a tout de même tous les atouts économiques et sociaux pour relever les défis de la mondialisation, à condition qu'il y ait une volonté politique de les développer.

Alors, quelle est la place de l'Europe dans cette mondialisation ?

II- L'Europe et la mondialisation de l'économie

« *Des grands pas économiquement pour des piétinements politiquement* »
J.P Fitoussi

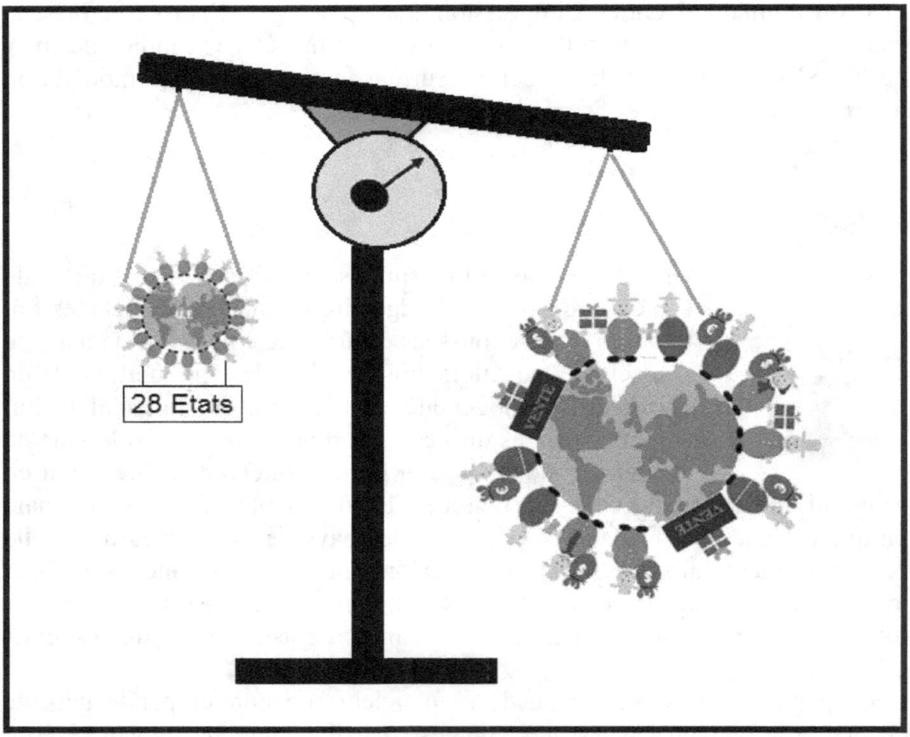

L'Europe a réussi le pari de la paix. Les conditions économiques et commerciales ont permis un certain dynamisme de l'Europe, lui permettant de jouer un rôle non négligeable dans les relations économiques entre les Nations.
Et pourtant, malgré de tels atouts, l'Europe piétine pour garder sa place dans l'économie mondiale.

Pour quelles raisons ?

1) L'Europe : une économie à 28, performante…

Même si le poids de l'Europe s'accroît malgré la crise qui l'a fragilisée, l'économie mondiale reste toutefois dominée par les États-Unis et l'Asie du Sud Est (Chine).

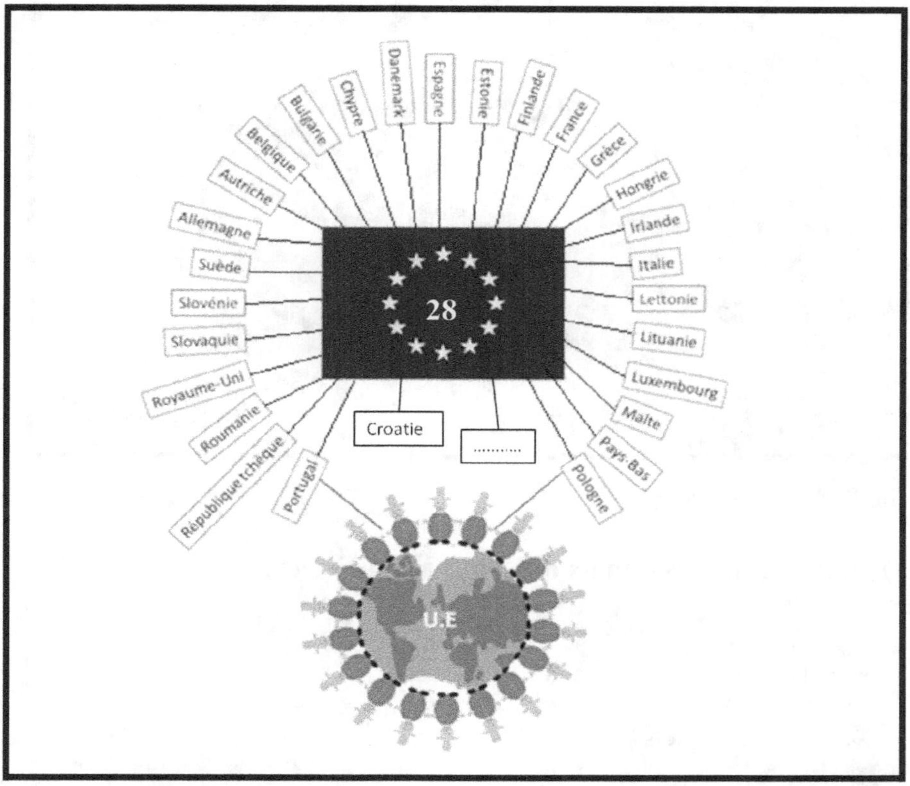

L'union européenne qui représente 7% de la population mondiale est une des principales puissances économiques du monde.
Elle est un acteur économique principal de la Triade qui regroupe les trois grands pôles des échanges mondiaux : États-Unis-Union Européenne-Asie du Sud Est. (fig.25).

Quelles sont les manifestations de la puissance économique européenne ?

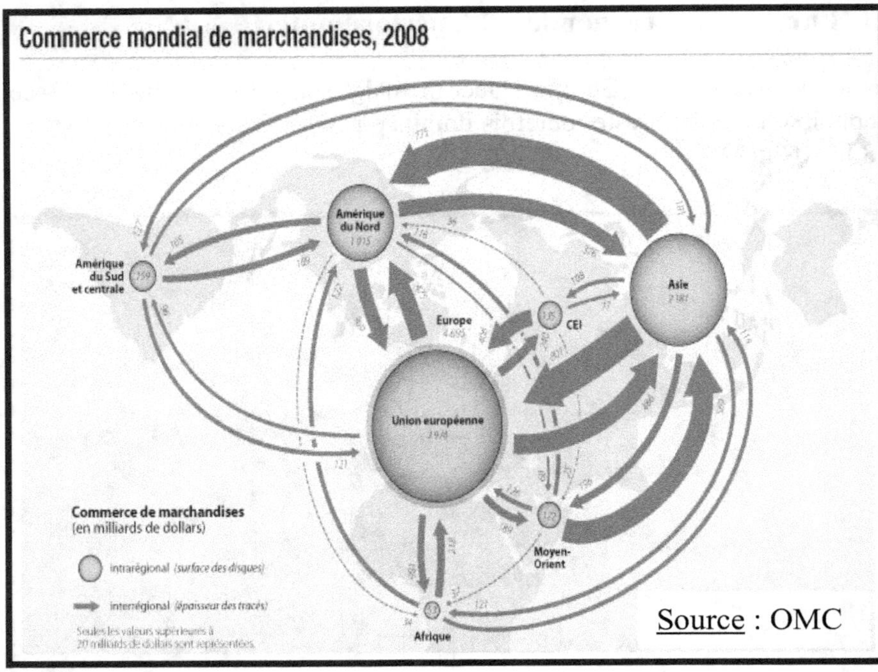

Source : OMC

(fig.25).

a) Des points forts, mais qui sont à relativiser…

Lesquels ?

1. La puissance économique de l'union européenne : une puissance relative

- **Sa production**

La production de l'union européenne à 28 fait d'elle une économie à fortes potentialités économiques avec un marché de plus de 500 millions d'habitants ; ce qui lui permet d'occuper la première place du podium du P.I.B. mondial. (fig.26)

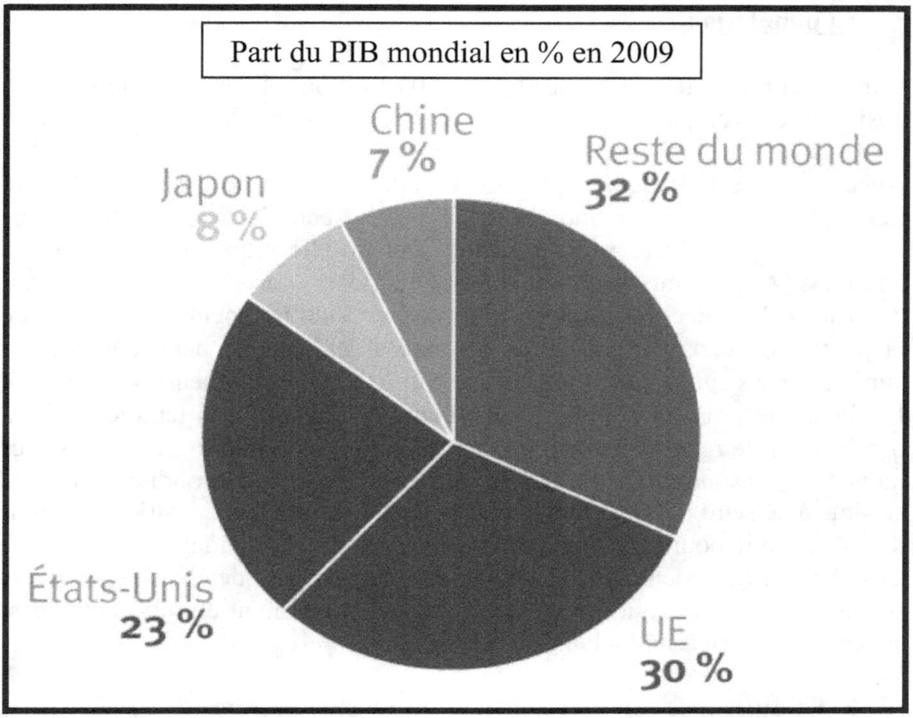

(fig.26)

L'U.E. a connu de 1998 à 2008 une croissance quasi-régulière du PIB contrairement au Japon et aux États-Unis. Et depuis 2008, l'U.E. voit sa croissance diminuer considérablement à cause de la crise financière.
De plus, le PIB par habitant vient atténuer cette vision optimiste des performances de l'U.E. En effet, en prenant en compte le PNB par habitant, l'U.E. se retrouve derrière les États-Unis et le Japon. Cet écart s'explique par l'élargissement de l'Europe avec l'entrée des pays de l'Europe centrale et orientale, et par les disparités des niveaux de vie.
L'Union européenne est la deuxième grande puissance agricole mondiale et ce, notamment grâce à la politique agricole commune qui a porté ses fruits malgré les problèmes qu'elle rencontre aujourd'hui.
Elle a permis à l'U.E. de rivaliser avec les États-Unis et surtout de garder son indépendance alimentaire. Cet essor a ainsi favorisé l'industrie agroalimentaire qui est devenue la première du monde. L'agriculture n'est pas le seul atout de l'Europe.
La tertiairisation de son économie représente aussi une force. Les 2/3 de son PIB sont réalisés par le secteur tertiaire.

- **Sa population**

L'union européenne avec ses plus de 500 millions d'habitants apparaît en position de force par rapport à ses concurrents comme les États-Unis ou le Japon.
Avec moins de 10% de la population mondiale, elle pèse près de 30% de la richesse économique mondiale (PIB). Elle bénéficie, en outre d'une population qualifiée et formée, ce qui fait qu'elle attire des investisseurs étrangers. Cependant, là aussi il faut relativiser, car elle est aujourd'hui confrontée à un déclin démographique et à un vieillissement d'une partie de la population dans certains États européens (Allemagne par exemple) qui aura des effets sur la protection sociale, sur la compétitivité européenne.
La fécondité pourrait atteindre 1,8 enfant en moyenne par femme, sachant que le seuil de renouvellement de la population doit être de 2,1 enfants. Les moyennes masquent ces différences entre les États. La fécondité en France se situe à ce seuil de 2,1, alors que celui de l'Allemagne se positionne autour de 1,4. L'Italie pourrait suivre le même chemin que l'Allemagne.
Ces changements démographiques pourraient entraîner des bouleversements sociaux importants pour relever le défi du vieillissement et pourraient aussi accentuer les disparités sociales au sein de l'union.

2. La puissance commerciale de l'union européenne

- **Ses échanges commerciaux**

Elle est le premier pôle commercial mondial avec plus de 30% des échanges avec le reste du monde dont les principaux partenaires restent principalement les États-Unis et le Japon. La Chine commence à devenir un partenaire en expansion, car elle est désormais le deuxième partenaire commercial de l'Europe. Elle concurrence fortement les produits européens en pratiquant le *dumping* social.
L'union européenne reste tout de même parmi les premiers pays exportateurs du monde et ce, grâce à l'Allemagne qui au sein de l'union, est la première exportatrice ayant un excédent commercial.
L'ouverture de l'Europe sur l'extérieur, appliquant le libre échange, lui permet de tirer la croissance économique, mais la rend dépendante de la conjoncture internationale.
Cependant le principal atout de son commerce se trouve dans l'essor des échanges intracommunautaires qui représentent 60% des échanges au sein de l'U.E. et le tiers du commerce mondial. Cet accroissement des échanges intracommunautaires est le résultat de la mise en place du marché unique et de l'élargissement de l'Europe. L'Europe a su tirer profit de la mondialisation de l'économie.

- **Ses échanges de capitaux**

L'U.E. est la première zone des Investissements directs étrangers (IDE), ce qui signifie qu'elle est un des continents les plus attractifs du monde.

b) … Mais elle a aussi des points faibles

1. Des points faibles économiques

- **Sa dépendance énergétique** (fig.27)

Evolution de la dépendance énergétique de l'UE (source : Eurostat)

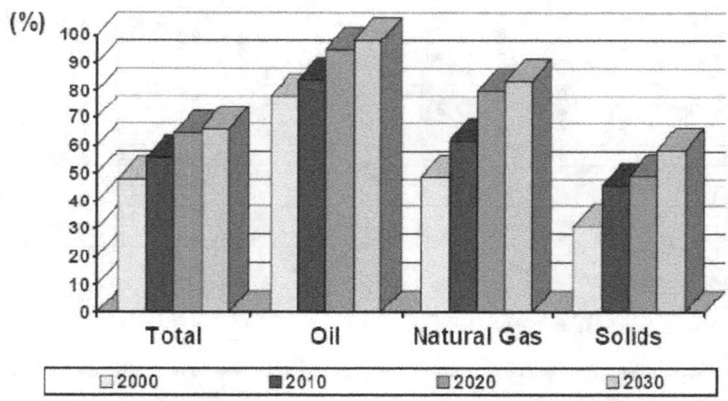

(fig.27)

Son taux de dépendance s'élève à plus de 50%. Elle reste très dépendante à l'égard des pays producteurs de pétrole malgré ses exportations de produits manufacturés en leur direction. Ses exportations ne couvrent pas les importations de pétrole. D'où la nécessité d'engager au niveau européen, une politique industrielle écologique ou un New Deal vert qui serait porteur d'une croissance verte et qui permettrait de répondre aux enjeux du développement durable de notre siècle.

- **<u>Son taux de chômage</u>** (fig.28)

	2000	2001	2002	2003	2004	2005	2006	2007	2008	2009	2010
UE-27	8.7	8.5	8.9	9.0	9.1	9.0	8.2	7.2	7.1	9.0	9.6
Zone euro	8.5	8.1	8.4	8.8	9.0	9.1	8.5	7.6	7.6	9.6	10.1
Belgique	6.9	6.6	7.5	8.2	8.4	8.5	8.3	7.5	7.0	7.9	8.3
Bulgarie	16.4	19.5	18.2	13.7	12.1	10.1	9.0	6.9	5.6	6.8	10.2
République tchè	8.7	8.0	7.3	7.8	8.3	7.9	7.2	5.3	4.4	6.7	7.3
Danemark	4.3	4.5	4.6	5.4	5.5	4.8	3.9	3.8	3.3	6.0	7.4
Allemagne	7.5	7.6	8.4	9.3	9.8	11.2	10.3	8.7	7.5	7.8	7.1
Estonie	13.6	12.6	10.3	10.0	9.7	7.9	5.9	4.7	5.5	13.8	16.9
Irlande	4.2	3.9	4.5	4.6	4.5	4.4	4.5	4.6	6.3	11.9	13.7
Grèce	11.2	10.7	10.3	9.7	10.5	9.9	8.9	8.3	7.7	9.5	12.6
Espagne	11.1	10.3	11.1	11.1	10.6	9.2	8.5	8.3	11.3	18.0	20.1
France	9.0	8.3	8.6	9.0	9.3	9.3	9.2	8.4	7.8	9.5	9.7
Italie	10.1	9.1	8.6	8.4	8.0	7.7	6.8	6.1	6.7	7.8	8.4
Chypre	4.9	3.8	3.6	4.1	4.7	5.3	4.6	4.0	3.6	5.3	6.5
Lettonie	13.7	12.9	12.2	10.5	10.4	8.9	6.8	6.0	7.5	17.1	18.7
Lituanie	16.4	16.5	13.5	12.5	11.4	8.3	5.6	4.3	5.8	13.7	17.8
Luxembourg	2.2	1.9	2.6	3.8	5.0	4.6	4.6	4.2	4.9	5.1	4.5
Hongrie	6.4	5.7	5.8	5.9	6.1	7.2	7.5	7.4	7.8	10.0	11.2
Malte	6.7	7.6	7.5	7.6	7.4	7.2	7.1	6.4	5.9	7.0	6.8
Pays-Bas	3.1	2.5	3.1	4.2	5.1	5.3	4.4	3.6	3.1	3.7	4.5
Autriche	3.6	3.6	4.2	4.3	4.9	5.2	4.8	4.4	3.8	4.8	4.4
Pologne	16.1	18.3	20.0	19.7	19.0	17.8	13.9	9.6	7.1	8.2	9.6
Portugal	*4.5*	*4.6*	*5.7*	*7.1*	*7.5*	*8.6*	*8.6*	*8.9*	*8.5*	*10.6*	*12.0*
Roumanie	7.3	6.8	8.6	7.0	8.1	7.2	7.3	6.4	5.8	6.9	7.3
Slovénie	6.7	6.2	6.3	6.7	6.3	6.5	6.0	4.9	4.4	5.9	7.3
Slovaquie	18.8	19.3	18.7	17.6	18.2	16.3	13.4	11.1	9.5	12.0	14.4
Finlande	9.8	9.1	9.1	9.0	8.8	8.4	7.7	6.9	6.4	8.2	8.4
Suède (1)	5.6	5.8	6.0	6.6	7.4	7.7	7.1	6.1	6.2	8.3	8.4
Royaume-Uni	5.4	5.0	5.1	5.0	4.7	4.8	5.4	5.3	5.6	7.6	7.8
Norvège	3.2	3.4	3.7	4.2	4.3	4.5	3.4	2.5	2.5	3.1	3.5
Croatie	:	:	14.8	14.2	13.7	12.7	11.2	9.6	8.4	9.1	11.8
Turquie (2)	:	:	:	:	:	9.2	8.7	8.8	9.7	12.5	10.7
Japon	4.7	5.0	5.4	5.3	4.7	4.4	4.1	3.9	4.0	5.1	5.1
États-Unis	4.0	4.8	5.8	6.0	5.5	5.1	4.6	4.6	5.8	9.3	9.6

(1) Rupture des séries, 2001.
(2) Rupture des séries, 2007.
Source: Eurostat (code des données en ligne: une_rt_a)

(fig.28)

Le chômage reste un des problèmes majeurs de l'union européenne. La croissance économique ne permet pas de créer suffisamment d'emplois pour freiner la progression du chômage. D'autant qu'il semble être considéré comme secondaire par rapport à l'inflation dans les choix des politiques économiques européennes. De plus, il ne peut que s'aggraver par le choix de l'austérité en 2011/2012 dans la plupart des pays de la zone euro afin d'endiguer la flambée des déficits budgétaires et des dettes publiques. (fig.29).

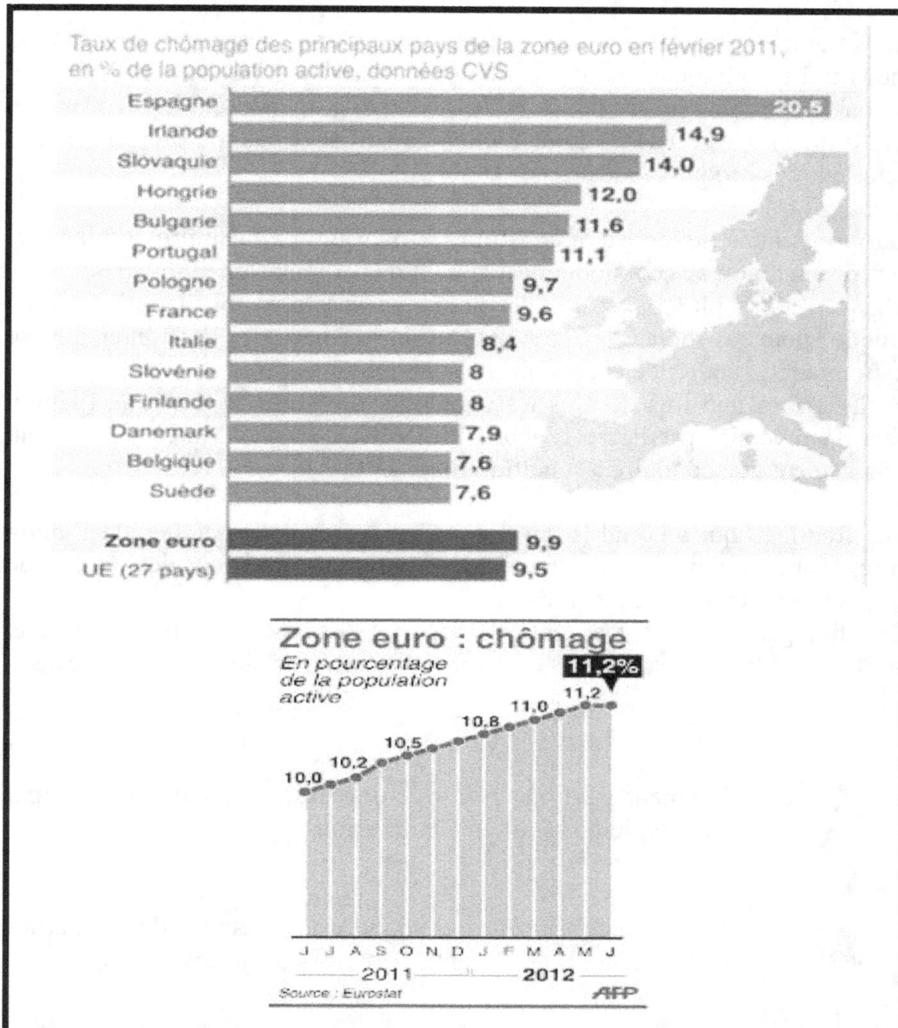

(fig.29)

- **<u>Ses lacunes industrielles</u>**

Bien que certains États de l'Europe lui fournissent une grande partie de sa production industrielle (exemple : l'Allemagne), les industries traditionnelles ont connu un déclin en raison des délocalisations, de la concurrence de la Chine, d'une financiarisation de l'industrie qui a ralenti les investissements et l'innovation au profit des placements financiers à court terme, ou encore d'un euro fort qui a amoindri la compétitivité des produits manufacturés et de haute technologie de certains États de la zone (la France en particulier).

Et surtout, l'Europe souffre aujourd'hui d'une absence de politique industrielle commune, malgré certaines coopérations industrielles (Ariane, Airbus) et certains succès de ses industries agro-alimentaire (Nestlé, Danone, Unilever...). Ces réussites industrielles ne suffisent pas à réduire le déficit extérieur des produits industriels.

L'Europe industrielle reste à construire. Il faut un véritable projet industriel européen et, non s'accommoder seulement de la dimension européenne.
Chaque État a plus ou moins développé sa spécialisation dans le marché unique pour affronter la mondialisation au lieu de l'affronter en se regroupant. L'intérêt de chacun prime sur l'intérêt de tous.
Voilà encore une fois de plus les paradoxes de l'Europe. Lorsque l'Union dans la diversité privilégie d'abord l'intérêt national à l'intérêt européen, cela ne peut que conduire à son affaiblissement.

Ces fragilités qui amoindrissent les performances économiques de l'union européenne traduisent des divergences de croissance ou des écarts de compétitivité entre les États membres.
Ces divergences se sont accentuées depuis l'élargissement de l'Europe, et ont favorisé les délocalisations et la spécialisation entre les États européens.

Comment l'Europe peut-elle devant cette lacune, développer l'économie du savoir et l'innovation ?

Cette hétérogénéité économique est le résultat des disparités sociales entre les différents membres européens.

Bien que le modèle social européen soit un des modèles les plus performants, l'Europe se heurte à des différences sociales qui mettent en concurrence les États membres encourageant les délocalisations.

2. Des points faibles sociaux (fig.30)

Salaire minimum légal en Europe (en euros)

Pays	2011	2010	2009	2008	2007
Belgique	1 415,24	1 387,50	1 387,50	1 309,60	1 259,00
Bulgarie	122,71	122,71	122,71	112,49	92,03
Croatie	381,15	385,48	373,46	ND	ND
Espagne	748,30	738,85	728,00	700,00	665,70
Estonie	278,02	278,02	278,02	278,02	230,08
France	**1 365,00**	**1 343,77**	**1 321,02**	**1 280,07**	**1 254,28**
Grèce	862,82	862,82	817,83	794,02	730,30
Hongrie	280,63	271,80	268,09	271,94	260,16
Irlande	1 461,85	1 461,85	1 461,85	1 461,85	1 402,70
Lettonie	281,93	253,77	254,13	229,75	172,12
Lituanie	231,70	231,70	231,70	231,70	173,77
Luxembourg	1 757,56	1 682,76	1 641,74	1 570,28	1 570,28
Malte	664,95	659,92	634,88	617,21	601,90
Pays-Bas	1 424,40	1 407,60	1 381,20	1 335,00	1 300,80
Pologne	348,68	320,87	307,21	313,34	244,32
Portugal	565,83	554,17	525,00	497,00	470,17
République Tchèque	319,22	302,19	297,67	300,44	291,07
Roumanie	157,20	141,63	149,16	138,59	115,27
Royaume-Uni	1 138,54	1 076,46	995,28	1 242,24	1 314,97
Slovaquie	317,00	307,70	295,50	241,19	220,71
Slovénie	748,10	597,43	589,19	538,53	521,80

Source : Eurostat / 2011

(fig.30)

Sur 28 États, 21 ont instauré un salaire minimum.

Cette diversité sociale entre les 28 États, à travers le SMIC, la protection sociale, accentue l'hétérogénéité des États membres. Elle met en concurrence les États eux-mêmes au lieu de les inciter à construire une harmonisation sociale. L'intégration sociale devient un impératif pour affirmer la puissance de l'Europe dans le monde.

CONCLUSION :

L'Europe occupe une place capitale dans la mondialisation de l'économie. Elle contribue au développement des échanges internationaux. Elle est un des acteurs essentiels de la croissance mondiale.
Elle tire un grand avantage de la mondialisation mais gagnerait aujourd'hui à réactiver et à approfondir son processus d'intégration, en développant ses politiques communes activées par une gouvernance économique, de façon à renforcer sa place économique et sociale dans la mondialisation, mais aussi de façon à pouvoir sortir plus unie de la crise des dettes souveraines.
Elle est en danger face à la crise de l'endettement de ses économies et d'une mondialisation non régulée. Face à ce défi, la relance du processus d'intégration ne serait-il pas le moyen d'être encore plus fort ?
L'Europe a fait des grands pas économiquement, mais piétine politiquement. Pourquoi ?

2) … Et une Europe qui piétine

« S'unir dans la diversité, c'est se désunir pour l'unicité ! »

Pourquoi ?

a) Car c'est une Europe qui est confrontée aux trois dettes…

L'Europe se trouve, en 2012, enfoncée dans une crise économique d'une ampleur semblable à celle de 1929.

Le chômage dépasse les 10% de la population active dans l'union européenne, et plus de 20% dans certains pays du Sud de l'Europe de la zone euro. Sa croissance économique est faible. La plupart des États se sont lancés dans des politiques d'austérité afin de corriger cette très mauvaise conjoncture et de trouver une issue à la crise. Mais comment, l'Europe en est arrivée là ? Sa structure fondée sur l'union dans la diversité, ne serait-elle pas porteuse des germes de la crise qu'elle traverse ?

Depuis 2008, en s'endettant afin de maintenir une croissance modérée, en renonçant à la préférence communautaire malgré un marché unique et une monnaie unique, au profit d'un marché mondialisé soumis aux règles du libre échange, l'union européenne se trouve confrontée à des divergences économiques entre ses membres qui affaiblissent ses performances et réduisent sa place dans la mondialisation de l'économie.
Mais quelles sont les causes de cette crise européenne ? L'Europe a-t-elle les moyens d'en sortir encore plus renforcée ?

1. Les trois rouages de la crise européenne

D'abord immobilière, puis financière, la crise de la dette privée est devenue celle de la dette publique, et celle de la dette extérieure.

- **<u>Le rouage de la dette privée</u>**

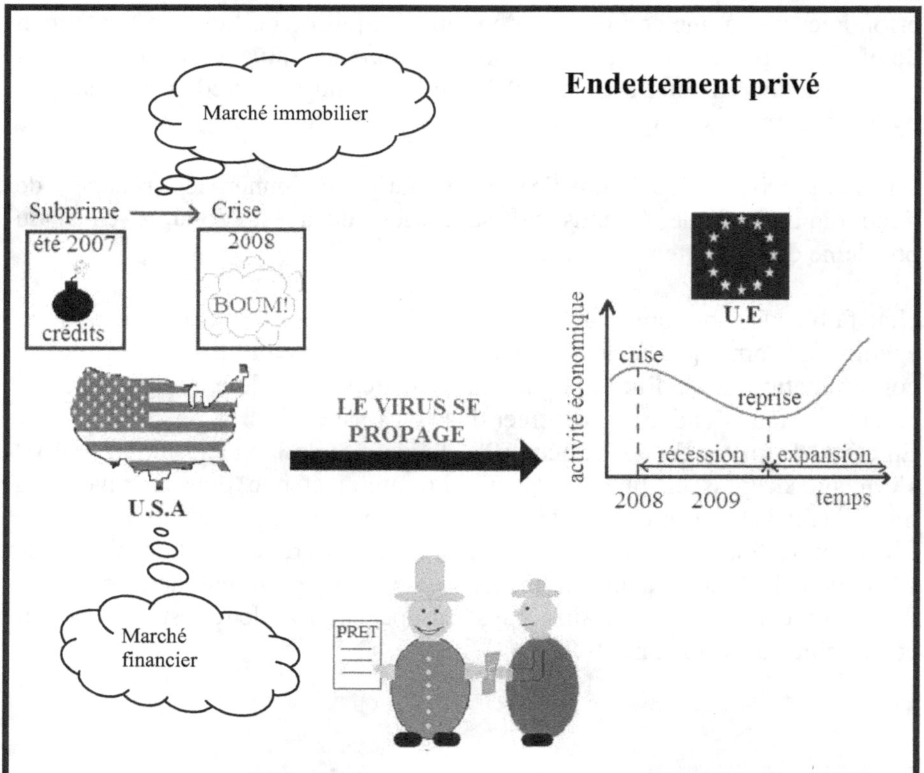

Il ne faut pas perdre de vue qu'avant tout, l'élément déclencheur de la crise financière a été la crise des *subprimes* (crédits hypothécaires accordés à des emprunteurs à risque et gagés sur la valeur de leur bien immobilier) aux États -Unis (*cf. Introduction à l'analyse économique, l'économie pour tous ! thème 4, Editions L'Harmattan*).

Les conséquences de cette crise liée à l'endettement privé des ménages et des banques se sont ensuite répandues dans le monde du fait de la mondialisation financière et de la spéculation bancaire à l'échelle planétaire. Ces crédits bancaires ont fait gonfler la sphère immobilière, celle-ci gageant le risque des banques. Les banques d'affaires ont racheté des crédits immobiliers pariant sur une augmentation constante du marché immobilier. Ces prêts transformés en titres étaient proposés comme placements à des investisseurs, jusqu'au jour où la chute de l'immobilier a entrainé celle des titres devenus non rentables. Les investisseurs ont donc cessé d'acheter des titres ce qui a provoqué une crise des liquidités. Les banques se sont effondrées une à une comme des dominos. La faillite de Lehman Brothers a donné le coup d'envoi à la crise financière mondiale qui a touché l'Europe et plus particulièrement l'Espagne et la Grèce. Mais les crédits immobiliers hypothécaires ne sont que la face visible de l'iceberg.

La dette privée c'est-à-dire le crédit, fait fonctionner les rouages de l'économie faute de revenus suffisants des ménages. Voilà le cœur du problème de l'endettement privé.

Une faible distribution de revenus découlant de la production, pousse les agents économiques à s'endetter afin de maintenir le niveau de la consommation ou de l'investissement. La dette se substitue à une baisse des revenus. Il faut s'endetter pour créer de la croissance.
En effet, depuis la fin des années 1980 le partage de la valeur ajoutée (PIB) s'effectue de plus en plus en faveur du capital et non plus en faveur du travail. (fig.31). Le crédit bancaire vient donc pallier ce partage inégalitaire.
L'économie fonctionne en grande partie grâce au crédit à défaut d'épargne permettant le financement des investissements. C'est le cas de l'économie des États-Unis et de certains pays européens. La dette est un moteur économique à explosion.

Part des salaires dans la valeur ajoutée

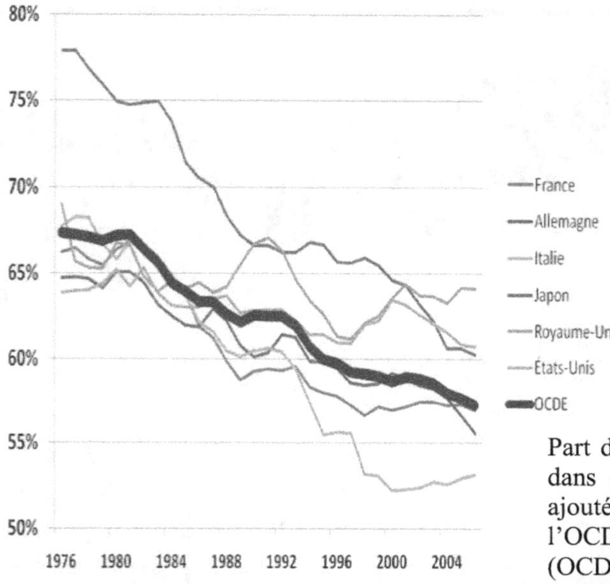

Part des salaires dans la valeur ajoutée pays de l'OCDE - 1976 (OCDE 2006)

(fig.31)

Cette baisse des revenus du travail a favorisé l'endettement des agents économiques. La crise financière résulte de cet endettement excessif, qui a mis en danger tout le système bancaire et plus particulièrement les pays ayant une dette privée forte (ce qui n'est pas le cas de la France car elle dispose d'un fort taux d'épargne). Cette déconnexion entre la sphère financière et la sphère réelle a provoqué une crise de confiance qui a débouché sur une restriction des crédits engendrant une grave récession en 2008.

De plus, cet accroissement de la dette privée dans les pays de la zone euro est aussi la conséquence de la réduction de leurs dépenses publiques afin de pouvoir remplir les conditions de leur passage à l'euro. Ainsi les emprunts privés se sont substitués aux dépenses publiques pour développer les infrastructures (exemple de l'immobilier en Espagne).
Cette crise de la dette privée est devenue celle de la dette publique.

Pourquoi ?

- **Le rouage de la dette publique**

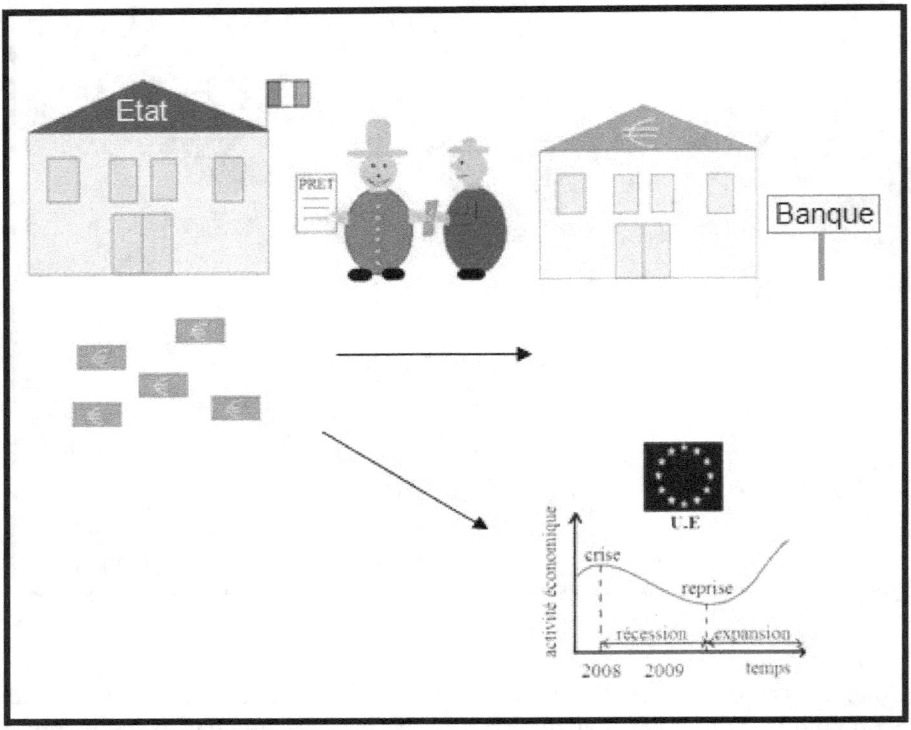

Pour sauver les banques de la faillite et pour soutenir l'activité économique en récession par des plans de relance en 2008/2009, les États ont été obligés d'emprunter sur le marché financier en émettant des obligations (bons du trésor), d'accroître leurs déficits budgétaires en augmentant leurs dépenses publiques.

La dette privée à l'origine de la crise financière a finalement aggravé les dettes publiques existantes des pays européens et donc enclenché le deuxième rouage, celui de l'explosion des dettes publiques après 2008 en Europe. (fig.32)

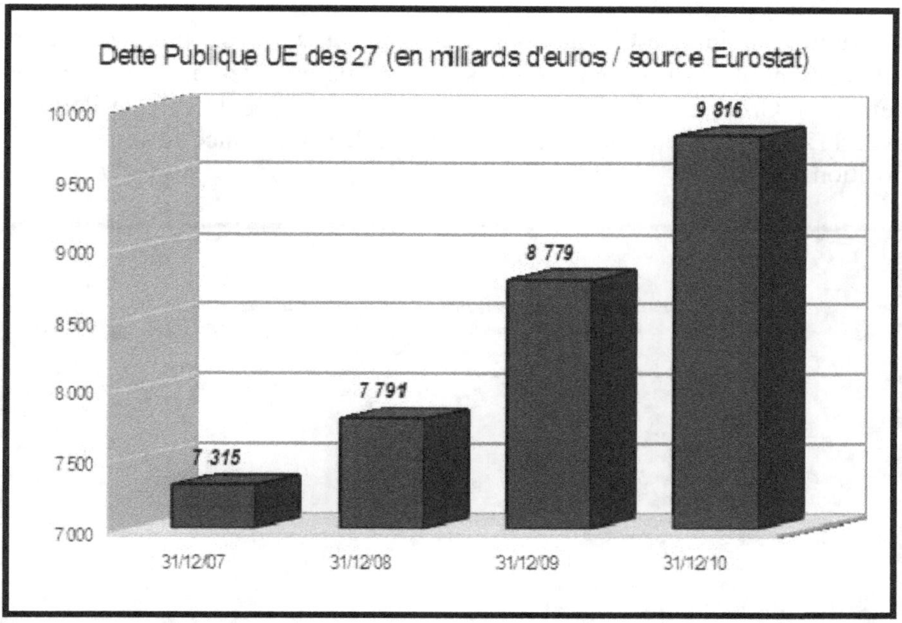

(fig.32)

Depuis, les dettes publiques et les déficits publics des États européens dépassent la limite fixée par les critères de convergence. Le non respect de ces critères fragilise l'euro et attise la spéculation sur son effondrement éventuel. En effet, lorsque les fondations mêmes de la monnaie unique sont fissurées, toute l'organisation monétaire de l'Europe est fragilisée. Ceci a provoqué une défiance des investisseurs à l'égard de l'euro et une crise au sein de la zone.

Le problème est que cette explosion des dettes publiques et des déficits budgétaires menaçant l'euro, n'a pas permis de faire repartir la croissance définitivement. L'Europe affiche les taux de croissance les plus faibles de son histoire.

Le second problème est que la Banque Centrale Européenne, en vertu de son statut, ne peut pas financer les déficits budgétaires, ce qui oblige les États à s'endetter auprès des marchés financiers. C'est une faiblesse majeure car les États ne sont plus protégés par la banque centrale lors de difficultés financières. Or, cette disparition a déplacé la spéculation sur la valeur des taux de change vers celle des dettes publiques.

Une croissance forte aurait permis de faire rentrer des recettes fiscales permettant de financer les dépenses publiques donc de réduire les déficits et de rembourser la dette publique, rétablissant ainsi la confiance à l'égard de l'euro.

La dette publique est composée pour près de 80% de titres financiers (Obligations d'État). Parmi les États de la zone euro les plus endettés, on compte la Grèce avec 133% du PIB, l'Italie avec 124% du PIB, le Portugal avec 112% du PIB et l'Irlande avec 109% du PIB. La France se situe en 6ième position. (fig.33)

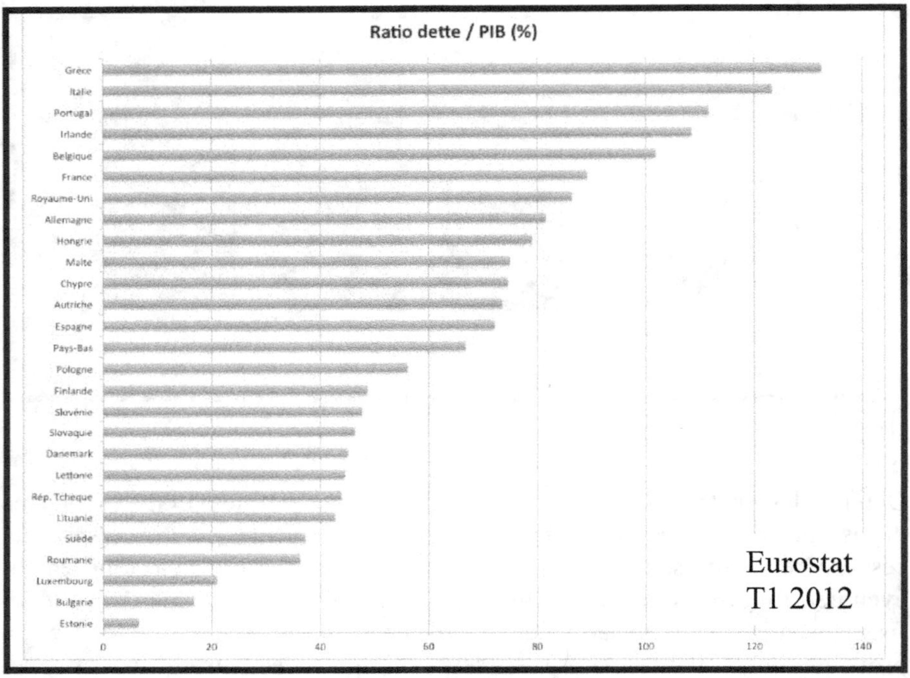

(fig.33)

La dette de la Grèce en 2010 a été le détonateur de la crise des dettes publiques de la zone euro, puis d'autres pays (Espagne, Italie) ont amplifié cette crise en 2011.
Cette explosion des dettes publiques a fait monter les taux d'intérêt sur le marché financier et à encourager la spéculation sur les obligations.
La dette publique est devenue un moyen pour spéculer sur la hausse des taux d'intérêt et pour parier sur les capacités de remboursement des États en fonction de leur politique économique évaluée par les agences de notation. Plus le risque de prêter à un pays est élevé, plus le taux le sera (c'est le cas de la Grèce qui emprunte à des taux exorbitants et qui d'ailleurs ne pourra jamais rembourser sa dette avec de tels taux, même sur plusieurs années.). Finalement les États européens sont soumis à l'évaluation des agences de notation et au pouvoir du marché financier. Tous recherchent à conserver ou atteindre la note du triple A afin de bénéficier des taux les plus avantageux.

Pour cela, il faut appliquer la politique dictée par les créanciers internationaux. La finance domine désormais l'économie alors qu'elle doit son salut à l'intervention de l'État en 2009.

Désormais, à cause d'une épargne insuffisante, les États européens doivent supporter à la fois des dettes privées et des dettes publiques.
Certains d'entre eux, ont pu se constituer une épargne extérieure grâce à leur excédent commercial extérieur qui finance leur croissance en limitant leurs déficits et leur endettement (Exemple l'Allemagne). Alors que d'autres se trouvent face à des déficits extérieurs depuis 2005 (France, Espagne, Italie, Grèce…) qui aggravent leur endettement extérieur. Les déficits des uns faisant les excédents des autres. Voilà le troisième rouage de la crise européenne : celui de la dette extérieure.

- **<u>Le rouage de la dette extérieure</u>**

C'est le troisième rouage de la crise européenne. Il a, à son tour, provoqué des tensions sur la monnaie européenne et encouragé une spéculation sur un éclatement éventuel de la « zone euro ».

Balance commerciale

De telles difficultés étaient prévisibles dès le début de l'euro à cause de l'hétérogénéité responsable des écarts de compétitivité entre l'Europe du Nord et l'Europe du Sud partageant la même monnaie. Cette diversité a renforcé les spécialisations des pays. Les uns (Allemagne) ont développé des industries exportatrices haut de gamme, les autres ont développé les services et une spécialisation sur des produits de consommation courante (Europe du Sud). Confrontées à la concurrence des pays émergents (Chine) sur des produits de consommation courante, les entreprises de l'Europe du Sud ne parvenant plus à vendre leurs produits devenus moins compétitifs, voient leur balance commerciale devenir déficitaire (les exportations ne couvrant plus les importations). (fig.34)

Etant liés à la monnaie unique, ces États se trouvent dans l'impossibilité à court terme de rétablir l'équilibre de leur balance commerciale par la dévaluation monétaire et donc s'endettent à l'égard de l'extérieur. Cela crée des tensions envers l'euro sur le marché des changes.

Solde courant des pays de la zone euro en 2008
(en % du PIB)

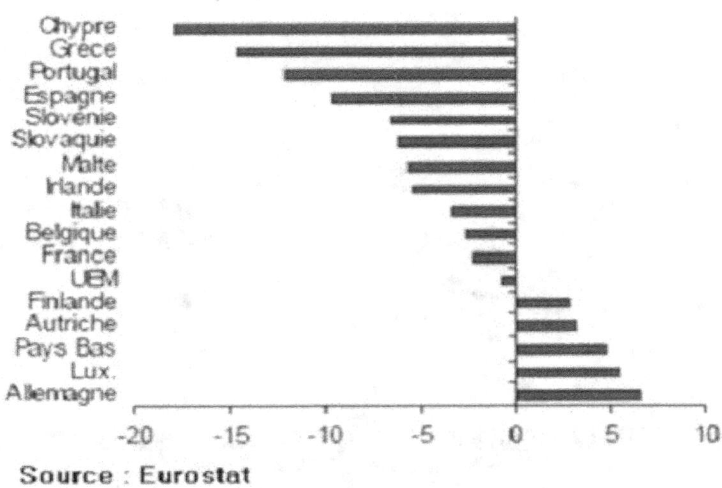

(fig.34)

La zone euro a été divisée en deux zones : la première dominée par l'Allemagne, qui depuis dix ans, a fondé sa politique économique sur la modération des salaires et sur le dynamisme de ses exportations. La seconde zone celle des pays de l'Europe du Sud (Espagne, Grèce, Italie, Portugal) dont la croissance reposait sur leur endettement et la bulle immobilière. L'euro a masqué ces déficits commerciaux, qui n'auraient pas été possibles sans la monnaie commune.
Ce déficit d'exportation freine leur croissance, aussi pour y pallier, ils sont obligés de soutenir leur activité économique par des dépenses publiques plus fortes, ce qui provoque de nouveau, une hausse de la dette publique.

L'union européenne se trouve ainsi prise dans l'engrenage des trois dettes. Cela complique la mise en œuvre des solutions à court terme et à long terme, pour sortir de la crise.
En effet, cette spirale des trois dettes paralyse la croissance économique européenne et aggrave le chômage.

Dans la zone euro, cohabitent à la fois des pays ayant des excédents extérieurs et des pays ayant des déficits extérieurs récurrents (Grèce, Italie, Espagne, France).
Cette dette extérieure ne serait-elle pas la cause d'un creusement des écarts de compétitivité entre les pays européens liés à une absence d'harmonisation sociale et économique ?

2. La diversité des pays de la zone euro

Dès lors qu'il existe une zone monétaire intégrée, c'est-à-dire dix-sept États partageant la même monnaie, les pays qui la composent, doivent être homogènes économiquement et socialement. Or, ce n'est pas le cas dans la réalité.
Les dix-sept États ont des différences de compétitivité, de normes sociales (certains disposent d'un SMIC, d'autres n'en n'ont pas ce qui est le cas de l'Allemagne par exemple.). Ils présentent à des degrés divers des niveaux d'endettement privé, public et extérieur différents.
Les États membres ont des structures productives différentes. Les taux de chômage, les modes de protection sociale, les taux de croissance et le solde du commerce extérieur varient d'un pays à l'autre.
Alors comment un même taux d'intérêt fixé par la Banque Centrale Européenne pourrait-il répondre à des situations économiques aussi différentes ?

Cette hétérogénéité des pays qui la compose ne fait qu'affaiblir l'Union européenne et plus particulièrement les États partageant la même monnaie.

Les gouvernements n'ont donc plus les moyens d'imposer leurs propres objectifs de politiques économiques et sociales de croissance, d'emploi et de protection sociale. Ce qui conduit de nombreux pays de la zone et hors zone, à pratiquer une concurrence parfois déloyale axée sur le *dumping* fiscal par des systèmes de protection sociale réduit à minima, ou encore par une déflation salariale accompagnée d'une régression sociale.

Cette compétition au sein de l'Europe ne peut conduire qu'à son affaiblissement, sauf si elle met en place des politiques qui forgent et resserrent les liens entre les États ?
Sinon l'Europe risque d'être condamnée à piétiner ?

b) … Et qui a des difficultés à être unie face à la crise

« L'union ou la séparation… ? »

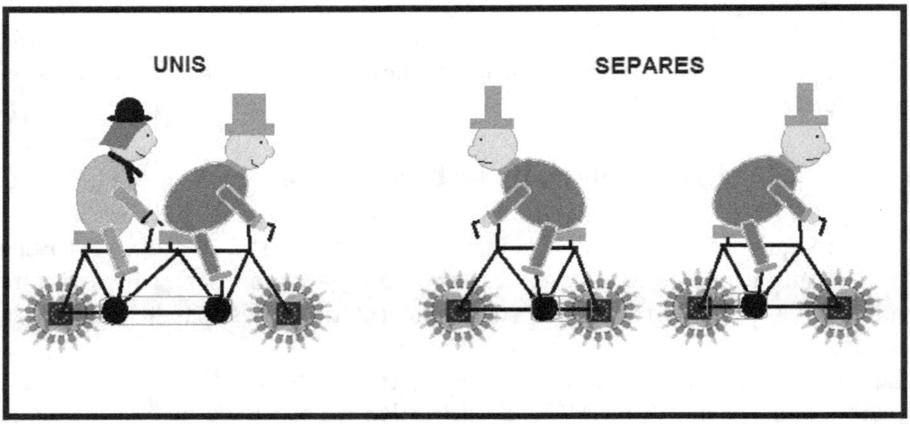

L'Europe nous a montré qu'elle était peu unie pour relancer l'économie en pleine récession en 2009. Elle a raté une opportunité unique de créer un véritable New Deal européen à cette période. Mais elle continue à nous montrer, encore aujourd'hui, son piétinement en imposant la rigueur comme la seule voie possible de sortie de crise.

1. Pour relancer l'économie européenne en 2009…

- **<u>Une Europe divisée</u>**

Les pays de l'union européenne n'ont pas été en mesure de réaliser un New Deal européen.
Cette absence de solidarité, l'Europe la paye aujourd'hui, avec l'explosion des dettes publiques et une croissance en berne.

En effet, les plans de relance d'un montant global de 200 Milliards d'euros, n'ont pas été à la hauteur de la gravité de la récession de 2009. Les États membres n'on pas été capables d'adopter une position commune pour sortir de cette crise alors qu'ils en avaient l'opportunité.
L'Europe a finalement avancé en ordre dispersé dans l'élaboration des plans nationaux de relance. Leur faible ampleur et leur dispersion n'ont fait que conforter l'absence de coordination. Le « chacun pour soi » a prévalu sur le collectif, en raison de la grande hétérogénéité qui caractérise les États européens.
Cette insuffisance de relance globale est le résultat d'une faible croissance et d'une poussée vertigineuse du chômage en Europe aujourd'hui.
Une faible croissance, ne pouvant couvrir celle des dettes publiques, ne peut que conduire à une crise de l'euro et au renforcement de la spéculation à son égard.

- **<u>Une Europe sans confiance entre ses membres</u>**

C'est aussi la crainte du « passager clandestin » qui a réduit l'envergure de la relance européenne car les États n'ont pas d'action collective.
Certains, cherchent à profiter de la relance des autres qui ont fait des efforts budgétaires (augmentation des dépenses publiques). Or ces pays de bonne intention, soupçonnant cette démarche clandestine de leurs partenaires commerciaux, réduisent alors l'ampleur de leur plan de relance. Cette méfiance a débouché sur une série de plans de relance très disparates et peu efficaces à l'échelle européenne en 2009.
Faute d'une stratégie de relance concertée, l'Europe n'a pas réussi à faire redémarrer une croissance forte, capable de couvrir la hausse des dettes publiques.

Retrouve-t-on la même démarche stratégique face à la crise de l'euro qui frappe l'Europe depuis 2011/2012 ?

2.... Et pour faire face à la crise de l'euro (2010/2012)

- **<u>Une régulation financière qui piétine</u>**

Malgré le renforcement des règles prudentielles sur les fonds propres imposées aux banques afin de prévenir leurs risques, la régulation financière promise durant la récession de 2009, n'a pas été tenue. Les grandes intentions sont restées vaines.
Les États européens tâtonnent pour trouver une issue à la crise de l'euro car ils se heurtent à une série d'obstacles structurels tenant à l'organisation même de l'union économique et monétaire.
Cependant, ils ont tout de même, devant la menace d'un effondrement de l'euro, réussi a brisé plusieurs de ces obstacles.

Lesquels ?

- Ils ont réussi à briser le premier obstacle, en décidant conjointement avec le FMI, de prêter aux pays en grave crise (Grèce, Espagne).
  Depuis 2010, avec la mise en place d'un Fonds Européen de Stabilité Financière, et depuis 2011 avec la création du Mécanisme Européen de Stabilité, l'Europe cherche à travers cette forme de solidarité, à se doter des moyens de prêter aux États en grande difficulté qui ne peuvent plus se financer sur les marchés financiers (Grèce et Espagne par exemple). Ces prêts sont encore faibles pour pouvoir enrayer les mouvements spéculatifs, mais ils démontrent une intention d'action collective pour faire face dans l'urgence à la crise.
  L'octroi de ces crédits aux pays demandeurs est assorti d'une souscription à des plans de rigueur très stricts. Ils réduisent leur demande intérieure et plombent leur croissance. Cela diminue les perspectives de remboursement de leur dette et provoque la défiance des marchés.
  La rigueur d'aujourd'hui, fait la récession de demain et l'endettement d'après demain...

Cependant, l'obstacle du « chacun pour soi » semble s'être atténué devant l'urgence à réagir. Mais il reste néanmoins toujours présent dans certains pays épargnés par la crise de l'endettement et ralentit la mise en œuvre d'actions collectives efficaces.

- Ils ont surmonté un deuxième obstacle jusque là tabou, en s'engageant à taxer les transactions financières spéculatives européennes. L'Allemagne et la France s'y sont engagées.
  Cette collaboration sera-t-elle suivie par les autres pays membres ?

- La Banque Centrale Européenne a fait sauter un troisième obstacle en décidant depuis le 2 Septembre 2012, d'acheter sans limite les titres des dettes des États attaqués par les investisseurs financiers. Cette action pallie l'impossibilité de la Banque centrale de pouvoir financer directement les déficits publics. Celle-ci permettra de faire baisser le niveau des taux d'intérêt sur le marché financier. Mais, elle reste encore bien insuffisante, pour stimuler les investissements affaiblis par les effets de l'austérité généralisée depuis 2010.

A ces divers obstacles structurels s'ajoute un autre obstacle, celui des difficultés des banques européennes.
Elles sont prises dans l'engrenage des dettes. Elles ont été sauvées par les prêts des États, qui leur ont permis de se recapitaliser, et ensuite, elles ont prêté à leur tour aux États, disposant ainsi dans leur portefeuille des titres publics. Elles se retrouvent en difficulté lorsque la solvabilité des États, à qui elles ont prêté, est douteuse, c'est-à-dire présentant un risque de non-recouvrement important.

Fragilisées, les banques ne trouvent plus de prêteurs sur le marché interbancaire pour se refinancer car les créanciers (banques) n'ont pas confiance, elles se trouvent donc contraintes de réduire fortement leurs crédits. Une telle situation est susceptible de déboucher sur le « ***crédit crunch*** » c'est-à-dire une contraction du crédit bancaire (exemple de l'Espagne). (fig.35).
Cette restriction du crédit serait très défavorable à l'activité économique car elle entraîne les États de la zone euro dans la spirale des trois dettes.

Taux de croissance annuelle des crédits distribués dans la zone euro (en %)

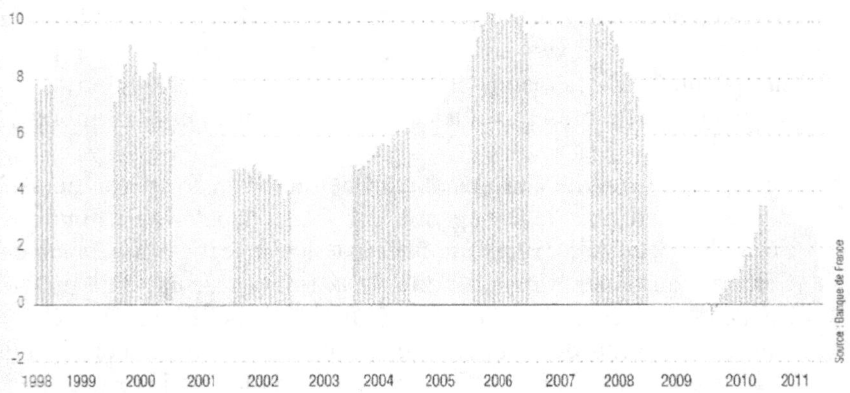

(fig.35)

Cette crise de confiance interbancaire entre les banques du Nord et les banques du Sud pourrait fragmenter le système bancaire européen. Et n'en serait-il pas de même avec l'activité économique partagée entre une relance et une austérité ?

- **Et une politique d'austérité risquée**

« *Qui sème la rigueur, récolte la récession* »

- Le choix de l'austérité : le remède européen

Depuis 2010, la « zone euro » est en crise. Elle a du mal à trouver une solution efficace, malgré les avancées significatives, pour enrayer l'envolée des dettes souveraines. Les gouvernements européens ont choisi, dès cette période, sous la pression des marchés financiers c'est-à-dire des investisseurs financiers, d'instaurer des plans d'austérité plus ou moins sévères selon leur niveau d'endettement.
L'austérité consiste à restreindre les dépenses publiques et augmenter les impôts afin de réduire le déficit budgétaire jugé trop excessif.

Aujourd'hui, la plus grande partie des déficits publics européens provient de l'intervention des États pour sauver les banques au bord de la faillite, les aider à se désendetter, et pour relancer l'activité économique en pleine récession. Ces dettes publiques ont donc augmenté considérablement. Elles sont passées de 65% (situation d'endettement avant la crise) à 85% du PIB.
L'objectif est de parvenir à ramener les déficits publics à 3% du PIB d'ici 2014.

Cette rigueur se traduit dans les diverses économies de la « zone euro » par des suppressions massives de postes de fonctionnaires, par des réductions de salaire dans la fonction publique, par une forte diminution des dépenses sociales et par une hausse des prélèvements obligatoires (Espagne, Italie, Grèce, Portugal, France).

L'austérité qui est menée selon une logique comptable, considérant seulement l'excès des dépenses publiques comme responsable des déficits, dans un contexte où les banques ne prêtent plus, ne peut que conduire à une diminution de la demande intérieure. Ce phénomène ralentit la croissance, aggrave le chômage et provoque de nouveau l'accroissement des déficits faute de rentrées fiscales.
Le remède pourrait devenir pire que le mal.

- **Les dangers du remède : la récession à court terme**

Tant que le secteur privé ne parviendra pas à soutenir la croissance, la stratégie de l'austérité fera plus de mal que de bien.
En effet, si les banques minimisent leur crédit, car elles préfèrent consolider leurs fonds propres et qu'en même temps, les États réduisent tous ensemble leurs dépenses publiques, le moteur de la demande se bride et la croissance s'asphyxie.

L'austérité risque d'enclencher un cercle vicieux dans lequel ***moins de dépenses publiques => moins de demande => moins de croissance => plus de chômage => moins de recettes fiscales => plus de déficit => plus de dette => plus d'austérité => moins de dépenses publiques….***

Cet engrenage mène à la récession en retardant la croissance et provoque une explosion du chômage à court terme. (fig.36 et fig.37).

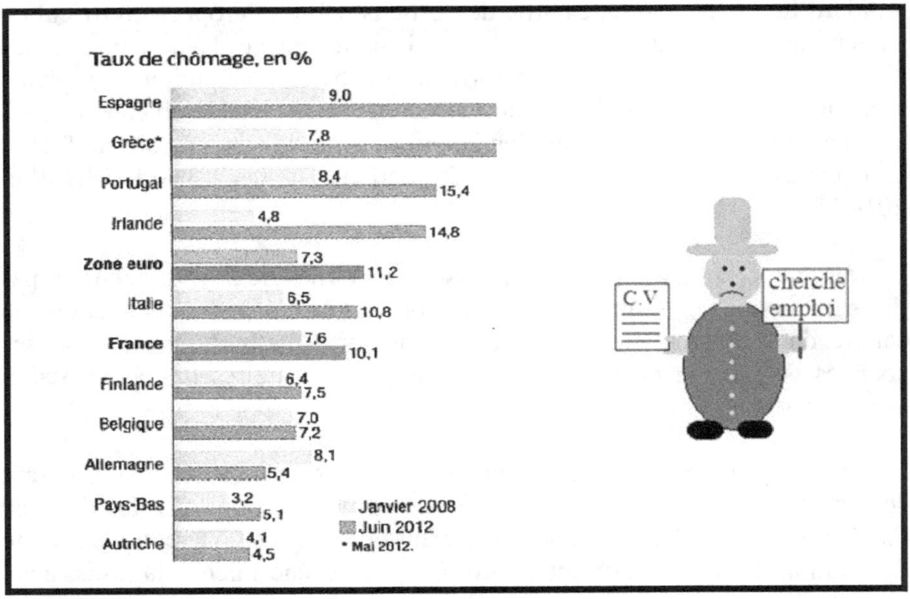

Taux de chômage, en %
Espagne
9,0
Grèce*
7,8
Portugal
8,4
15,4
Irlande
4,8
14,8
Zone euro
7,3
11,2
Italie
6,5
10,8
France
7,6
10,1
Finlande
6,4
7,5
Belgique
7,0
7,2
Allemagne
8,1
5,4
Pays-Bas
3,2
5,1
Autriche
4,1
4,5
Janvier 2008
Juin 2012
* Mai 2012.
C.V
cherche emploi

(fig.36)

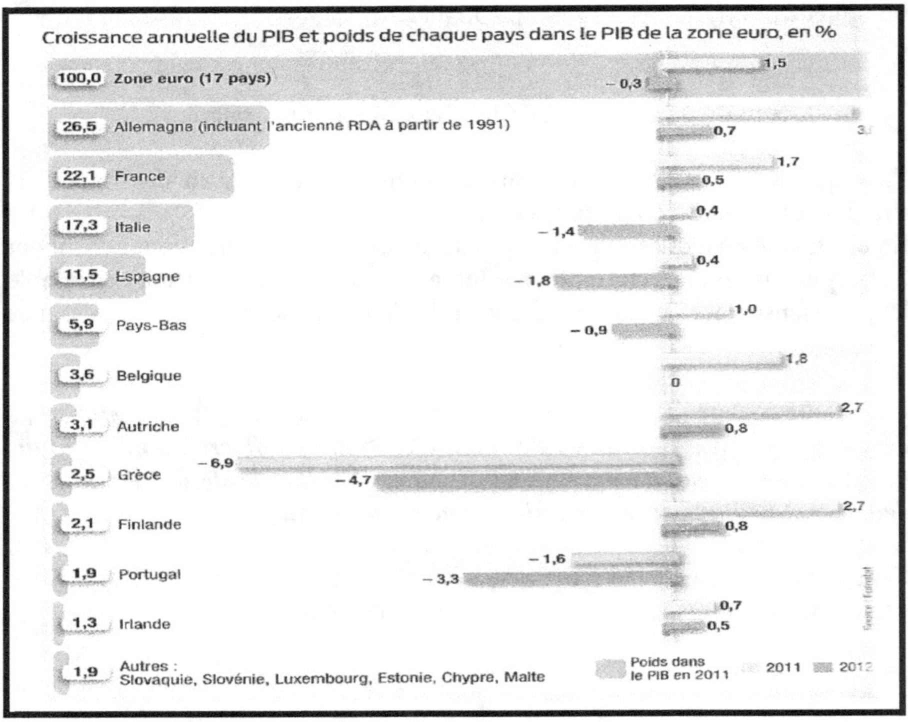

Croissance annuelle du PIB et poids de chaque pays dans le PIB de la zone euro, en %
100,0 Zone euro (17 pays)
1,5
– 0,3
26,5 Allemagne (incluant l'ancienne RDA à partir de 1991)
0,7
22,1 France
1,7
0,5
17,3 Italie
0,4
– 1,4
11,5 Espagne
0,4
– 1,8
5,9 Pays-Bas
1,0
– 0,9
3,6 Belgique
1,8
0
3,1 Autriche
2,7
0,8
2,5 Grèce
– 6,9
– 4,7
2,1 Finlande
2,7
0,8
1,9 Portugal
– 1,6
– 3,3
1,3 Irlande
0,7
0,5
1,9 Autres : Slovaquie, Slovénie, Luxembourg, Estonie, Chypre, Malte
Poids dans le PIB en 2011
2011

(fig.37)

Or dans ce contexte, pour briser cette spirale, les États sont obligés de prendre des mesures économiques impopulaires : réductions du coût du travail, modération des salaires, diminution des cotisations sociales, dérèglementation du marché du travail, affaiblissement de la protection sociale, afin de créer un choc de compétitivité pour que la demande extérieure puisse compenser la baisse de la demande intérieure.
Car dans ce contexte économique, seule la demande extérieure est susceptible de soutenir la croissance et donc d'éviter la récession.
Ce choix profite davantage aux économies européennes bénéficiant d'une forte ouverture sur l'extérieur et d'un excédent commercial (c'est le cas de l'Allemagne qui dispose d'une industrie exportatrice). Cette situation rend dépendante l'Europe à l'égard de la mondialisation. Elle freine toute tentative d'harmonisation sociale. Cette vulnérabilité pourrait nuire à son processus d'intégration, car chaque pays cherchera à accroître sa compétitivité au détriment de ses partenaires.
L'Union pourrait se transformer en une confrontation.
Mais le pari de la compétitivité a le mérite d'être relevé, car si le secteur privé crée de la richesse grâce à une offre plus compétitive, la stratégie de la rigueur pourrait porter ses fruits.
Cela suppose que l'offre crée la demande. L'offre pourrait devenir le moteur de l'activité économique, à condition que la répartition de la richesse qu'elle a créée, profite de nouveau davantage au travail qu'au capital.
Ce qui n'est pas acquis !

CONCLUSION :

L'union fait la force, telle est la ligne directrice qui trace le chemin de la construction européenne.

Cependant, la preuve de cette union n'est pas encore entièrement établie en cette période de crise. C'est dans ces moments-là que l'on pourra juger de la solidité de l'union.

Depuis 2010, la zone euro tente difficilement de rester unie. L'Europe a fait pourtant de grands pas économiquement, mais piétine politiquement.

Pourquoi ?

La raison principale est que l'Europe est un ensemble de Nations qui présentent des différences, des divergences économiques, sociales et culturelles.

La voie économique, par l'intermédiaire des échanges et de la monnaie unique, a été choisie pour garantir la paix et assurer le développement des pays européens. Cette voie semble difficile à poursuivre dans la division et la compétition.
Le problème fondamental des dix-sept États qui partagent la même monnaie est celui de la solidarité.
Pour faire face à la crise il faut avancer grouper et être solidaire. C'est unie que l'Europe sera plus forte. Or certains États européens refusent encore de s'engager dans cette voie.
La longue marche de l'intégration pourrait, après la crise, prendre une variante : celle d'une gouvernance économique ou d'une super-surveillance européenne ?
Il est donc urgent que l'Europe franchisse une autre étape dans son processus d'intégration qui la mène vers celle de la construction de la solidarité.
Encore faut-il qu'elle est un guide ou des guides qui lui tracent la voie politique !
Tant qu'il n'y aura pas une identité européenne, il sera toujours difficile de créer une solidarité entre des pays partageant le même marché et la même monnaie.
Il est encore plus difficile, voire utopique, de chercher à créer cette solidarité au niveau mondial.
Et pourtant, l'économie mondiale en a bien besoin, afin de mieux répartir ses richesses entre les pays de la planète. Certains États ont du mal à se développer par rapport à d'autres dans le monde. Pourquoi une telle inégalité entre les États ?

Réflexion et **D**ébat :

Croissance ou rigueur : le dilemme européen !

A l'heure où les risques de faillite économique de la Grèce se précisent chaque jour davantage malgré l'austérité imposée, les pays européens se sont engagés, les uns après les autres, sur les voies de la rigueur.
Tous agissent au fond comme si la confiance des marchés financiers en la solvabilité budgétaire des États était une sorte d'indicateur suprême, celui sur lequel il convient désormais de fonder toute politique économique.
La perspective d'une dégradation de leur note paralyse les dirigeants européens en mal d'audace économique et qui voient en la surenchère des plans de rigueur associés à une déréglementation sociale, leur seule planche de salut économique.

Le contentement immédiat des marchés prime sur toute stratégie de croissance à moyen ou long terme et la sauvegarde du capital confiance que les agences de notation fondent en tel ou tel État membre de la zone euro, les pousse à fermer les yeux sur les risques économiques et politiques, non moins réels, d'une restriction budgétaire accompagnée d'une dérèglementation du marché du travail.
Dans un contexte où une récession chasse l'autre avant même que la croissance ait pu repartir, les enseignements de la crise de 2008 semblent oubliés. La surenchère des plans d'austérité en a rapidement éclipsé une autre : celle de l'automne 2008 où les chefs d'État et de gouvernement de la zone euro se rependaient en déclarations de bonne volonté sur les thèmes de la régulation des marchés financiers.

Tous expliquaient alors que le sauvetage des banques aurait pour contrepartie leur stricte régulation. En France, les revues économiques titraient sur la revanche de Keynes et même dans le monde financier on semblait moins perméable aux arguments des bienfaits de la dérégulation. Depuis, les traders ont retrouvé leurs bonus, les spéculateurs leur cupidité et les banques leurs profits. Les États, quant à eux, se sont terriblement endettés pour sauver une finance à la dérive et une croissance atone. Et voilà que les rescapés d'hier appellent aujourd'hui à l'austérité budgétaire et à la flexibilité du travail, sans même se soucier de la croissance de demain. Leur vision court-termiste précipite les États dans une spirale déflationniste dont aucun agent économique ne sortira indemne.

Naturellement, la réduction des déficits budgétaires à moyen terme est indispensable. Les États ne peuvent conserver indéfiniment des taux d'endettement élevés au point que la charge de la dette se hisse parmi leurs premiers postes de dépenses budgétaires. Mais la réduction des déficits ne peut être mise en œuvre efficacement que dans un contexte de croissance solide et stable.

L'Europe s'est engagée trop tôt dans le pari de l'austérité. Elle fait courir le risque d'étouffer la croissance et d'enliser l'économie dans un chômage de masse. Elle précipite son économie dans ce cercle vicieux où la rigueur appelle la rigueur. Et, où la dérèglementation sociale accentue la précarité sociale et attise les poussées extrémistes.

Neuf pays européens sont depuis entrés en récession, la France pourrait très vite rallonger la liste. A l'inverse, ce n'est qu'en pariant, sur une politique commune de croissance et de l'emploi souhaitée par la France, que les pays européens remettront les finances publiques en ordre et rétabliront la confiance des investisseurs. Le salut ne peut venir que d'un New-Deal européen permettant le retour de la croissance et de l'emploi, certainement pas en prenant le risque d'une austérité généralisée. Devant l'échec de l'austérité européenne, l'Europe souhaiterait enfin s'engager sur les chemins de la croissance. Cependant elle semble vouloir faire le choix d'une relance par la politique de l'offre, fondé sur ces postulats que l'assainissement comptable de l'État et que la dérèglementation du marché du travail, sont les conditions *sine qua non* à la reprise de toute croissance durable. Or la récession qui gagne l'Espagne et le Royaume-Uni montre que ces postulats ne fonctionnent pas. La précarité ne peut pas garantir une croissance forte. La rigueur est incompatible avec le redémarrage de l'activité économique. Aujourd'hui, l'Europe semble pourtant en suivre aveuglément les préconisations comme si l'offre pouvait à elle seule, être le seul moteur de la croissance.

Des chiffres et des lettres : le tempo de l'économie !

Les agences de notation donnent le tempo de l'économie européenne. Pour se mettre au diapason la France et ses voisins appliquent, les uns après les autres, des plans de rigueur drastiques. Tous agissent au fond comme si la confiance des marchés financiers en la solvabilité budgétaire des États était une sorte d'indicateur suprême, celui sur lequel il convient désormais de fonder toute politique économique. La politique économique des États tient en trois lettres : **AAA**.
Sous la pression de ces trois lettres attribuées par les agences de notation, les marchés financiers imposent aux États de monter la rigueur d'un cran supplémentaire, comme si les premiers n'étaient pas déjà suffisamment douloureux.
Ils se sont lancés dans cette course effrénée à l'austérité préférant obtenir un triple A pour réduire leur dette plutôt qu'un triple A pour relancer la croissance et l'emploi.
La perspective d'une dégradation de leur note paralyse les dirigeants européens en mal d'audace économique et qui voient en la surenchère des plans de rigueur leur seul salut économique. Le contentement immédiat des marchés prime sur toute stratégie de croissance à moyen et long terme et la sauvegarde du capital confiance que les agences de notation fondent en tel ou tel État membre de la zone euro, les pousse à fermer les yeux sur les risques, non moins réels, d'une seconde récession.
Alors, pourquoi s'engager dans cette voie conduisant à moins de chiffres de croissance et à plus de chômage ?
Sachant leur responsabilité dans la notation des *subprimes*, pourquoi continuer à s'en remettre aux agences de notation pour juger des performances de l'économie, les mêmes qui sanctionnent aujourd'hui la rigueur qu'elles ont imposée hier ?

Naturellement, la réduction des déficits budgétaires à moyen terme est indispensable. Les États ne peuvent conserver indéfiniment des taux d'endettement élevés au point que la charge de la dette se hisse parmi leurs premiers postes de dépenses budgétaires. Mais la réduction des déficits ne peut être mise en œuvre efficacement que dans un contexte de croissance solide et stable.

L'Europe aveuglée par « les trois lettres » s'est engagée trop tôt dans le pari de l'austérité. Elle fait courir le risque d'étouffer la croissance et d'enliser l'économie dans un chômage de masse à deux chiffres. Elle risque de précipiter son économie dans ce cercle vicieux où la rigueur appelle la rigueur, car la confiance des financiers repose avant tout sur les chiffres réels de la croissance et non sur des lettres fictives faussant très souvent les performances économiques à moyen terme.

La réduction des dépenses publiques reste la solution choisie, malgré la menace qu'elle fait peser sur la progression du PIB. Or, un tel choix ne rassure pas pour autant les créanciers financiers, qui face aux risques des mauvais chiffres de la croissance, pourraient augmenter leurs taux d'intérêt pour pallier le danger du non recouvrement de leurs créances. Les mauvais chiffres ont fait perdre une lettre A à la France et pourraient bien vite faire perdre les bonnes lettres à l'Allemagne à défaut d'exportations soutenues.

A l'inverse, ce n'est qu'en pariant sur une politique commune de croissance et de l'emploi, que les pays européens remettront les finances publiques en ordre et rétabliront la confiance financière. Le salut ne peut venir que du retour de la croissance garantissant le remboursement des dettes et certainement pas en prenant le risque d'une austérité généralisée provoquant l'insolvabilité des États.

Il faut renouer d'urgence avec les chiffres de la croissance et réformer le statut de la Banque Centrale Européenne si l'on veut sortir rapidement de la crise des dettes souveraines.

Les bons chiffres feront ainsi gagner de bonnes lettres car ils donnent le « ***l'A***» de notre économie.

Pour en savoir plus ...

LIVRES

- L'Union Européenne, Christian HEN et Jacques LEONARD. Ed. La Découverte, Coll. Repères.
- Le capitalisme en 10 leçons, Michel HUSSON, Ed. Zones La Découverte 2012
- L'Europe après la crise, des solutions pour sortir de l'impasse, Ed. La Découverte Coll. Regards croisés sur l'économie 2012.
- Refaire l'Europe, Jürgen HABERMAS, Ed. PUF 2012.
- La crise de l'euro, comprendre les causes, en sortir par de nouvelles institutions, Patrick ARTUS, Isabelle GRAVET Ed. Armand Colin 2012.

SITES INTERNET

www.economie2000.com

www.insee.fr

www.alternatives-economiques.fr

www.laviedesidees.fr

www.touteleurope.fr

www.telos-eu.com/

http://lewebpedagogique.com

http://epp.eurostat.ec.europa.eu

http://europa.eu

www.lemonde.fr

www.monde-diplomatique.fr

THEME 4 :

Les inégalités mondiales : le sous-développement

I- Les inégalités de développement entre les pays

« Tous pareils, mais aussi, tous différents ! »

La mondialisation de l'économie renforce l'interdépendance des Nations par les relations commerciales et financières qui se tissent entre elles. Elle crée une tendance à la globalisation, à l'uniformisation du monde, en rapprochant leur production, leur technologie et leur consommation.

Toutefois parler, aujourd'hui d'homogénéité ne se justifie pas.
La Chine, l'Inde, le Niger, les États-Unis, les pays de l'Union Européenne, le Congo, le Brésil, le Mexique, la Russie, les pays de l'O.P.E.P..., sont autant de pays différents composant notre planète, autant de destinées différentes et autant de niveaux différents de développement.

Notre planète ne se présente pas comme un monde homogène, mais comme un monde fortement éclaté que l'on peut mesurer grâce à plusieurs indicateurs de développement.

Le monde est certes différent, mais aussi inégal. La répartition des richesses mondiales est inégale.

Quelles sont ces inégalités entre les pays ? Se réduisent-t-elles ou au contraire, s'amplifient-elles ?

Si le développement est une notion imprécise et difficile à cerner, celle du sous-développement l'est tout autant. Car les pays dits « sous-développés » ou dits « pays en développement », présentent des caractéristiques communes, mais aussi des différences de développement, des évolutions disparates, qui ne permettent plus de parler de « ***Tiers Monde*** » mais des « ***Tiers Mondes*** ». Certains de ces pays sombrent dans la pauvreté et ne parviennent pas à faire décoller leur économie, alors que d'autres voient leur économie émerger dans la mondialisation, jusqu'à en modifier sa configuration.

Quelles sont les raisons de ces différences ?

1) La notion de développement et sa mesure

a) Définition du développement et du sous développement

1. Définition

Qu'est ce que le développement ? Et le sous-développement ?

- **<u>Le développement</u>**

Walt ROSTOW (1916- 2003) : économiste « américain » définit le développement comme un processus linéaire hiérarchisé passant par 5 étapes, dans son ouvrage : **les étapes de la croissance**. Les Nations seraient positionnées sur une échelle de développement composée de 5 barreaux : la société industrielle, les conditions préalables du décollage, le take off c'est-à-dire le décollage, la marche vers la maturité, l'ère de la consommation de masse. Les pays franchissent ces étapes plus ou moins vite.

Le développement économique est donc un processus à long terme qui passe par un ensemble de transformations ou mutations économiques, sociales, techniques, institutionnelles et culturelles, qui rendent possible les conditions d'une croissance économique durable. A chaque étape, il y a une transformation.

C'est finalement une évolution à la fois quantitative et qualitative. C'est l'aspect structurel de l'évolution qui caractérise le développement et permet de le différencier de la croissance (augmentation quantitative de la production).

On peut comparer ainsi le développement économique à celui d'un individu. Le développement de l'être humain passe, lui aussi, par plusieurs phases et à chacune d'entre d'elles correspond des transformations physiques et morales. Il en est de même pour le développement d'une Nation.

- **Le sous-développement**

Par opposition au développement, le sous développement est un état d'un pays, dont les caractéristiques économiques, sociales, techniques, institutionnelles et culturelles, freinent son évolution, l'empêchent d'assurer à l'ensemble de sa population la satisfaction des besoins fondamentaux, car le pays est confronté à des difficultés qui sont plus ou moins longues à surmonter.

C'est un phénomène complexe, tant dans ses caractéristiques que dans ses facteurs, qui sont appréciés par rapport aux pays industrialisés. Pour certains économistes, il est un retard dans le processus du développement par manque d'investissement ne permettant pas le décollage (cf. Rostow : les étapes de la croissance), pour d'autres, il est le résultat d'une domination des pays riches sur les pays pauvres (analyse marxiste). Et pour les économistes « libéraux », il résulterait d'une absence de liberté d'échange, d'entreprendre et d'une trop forte intervention de l'État entravant toute initiative privée et créant des déficits. Tous ces éléments freinent le développement.

2. Les différentes dénominations du sous-développement

Etant difficile de définir de manière univoque le sous développement, il est tout aussi difficile de trouver un terme permettant de qualifier ces pays dits « sous-développés ». Plusieurs termes sont utilisés pour les dénommer. Lesquels ?

- **Pays du Sud**

Par opposition aux pays du **Nord** pays développés et riches, ils représentent les pays « pauvres » situés dans le **Sud** de la planète.

Ce terme, a l'avantage de ne pas être connoté économiquement et politiquement, mais n'est pas toujours conforme à la réalité, car l'Australie par exemple, est un pays « riche » développé située dans l'hémisphère Sud. Certains pays situés au Nord ne sont pas des pays riches (exemple la Roumanie).

- **Tiers-monde**

Expression attribuée par Alfred SAUVY économiste démographe, pour désigner les pays sous développés, en référence à une notion politique de « tiers état » avant la révolution française de 1789.

- **Pays en voie de développement ou en développement**

Les termes PED (pays en développement) ou PVD (pays en voie de développement) sont utilisés par les organismes internationaux pour désigner les pays sous-développés. Ces formules sous-entendent, que ces pays sont sur le point de se développer, que leurs transformations sont en cours et vont modifier leur situation de sous développement.

- **Périphérie ou pays périphériques**

Cette formule classe les pays en deux zones planétaires hiérarchisées. Le centre composé des pays « riches » et puissants et la périphérie composée des pays « pauvres » dominés économiquement par les puissants et dépendants du centre.

Les pays qui sont en développement, sont d'une manière générale les pays d'Afrique, d'Amérique latine, d'une partie de l'Asie et de l'Europe de l'Est. Ces pays présentent des différences de niveaux de développement.
Pour caractériser les niveaux de développement des pays développés ou en développement, il faut pouvoir les mesurer à l'aide d'indicateurs. Lesquels ?

b) La mesure du développement

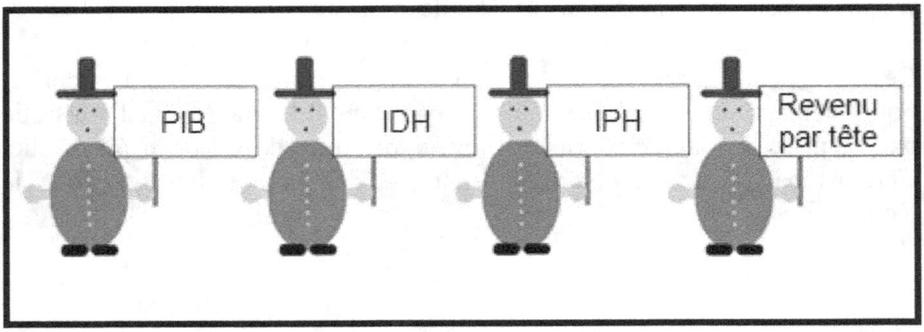

1. Les indicateurs économiques

- Le P.I.B. : est un indicateur qui mesure la croissance économique mais aussi qui sert de grandeur pour comparer les niveaux de richesses produites par les pays (*cf. Introduction à l'analyse économique, l'économie pour tous Thème 1 Ed. L'Harmattan 2011*). C'est un indicateur très imparfait qui ne dit rien sur la répartition de la richesse et ni sur son utilisation. L'achat de matériel militaire n'a pas le même impact sur le développement que la construction d'un hôpital ou d'une école. Il ne considère le développement que sous son aspect économique. Il repose uniquement sur « l'avoir plus ». La Chine, deuxième puissance économique mondiale, par exemple pourrait devenir la première puissance économique du monde en 2016 devançant les États-Unis, alors que son taux de pauvreté est très élevé. Or si on mesure sa richesse par habitant, elle se situe au 95ième rang mondial.

Rang	Pays	PIB 2012 (milliards $)	PIB 2011 ($)	Evolution
1	États-Unis	15 653	15 076	+3,8%
2	Chine	8 250	7 298	+13%
3	Japon	5 984	5 867	+2%
4	Allemagne	3 367	3 607	-6,7%
5	France	2 580	2 778	-7,1%
6	Royaume-Uni	2 434	2 431	+0,1%
7	Brésil	2 425	2 493	-2,7%
8	Italie	1 980	2 199	-9,9%
9	Russie	1 954	1 850	+5,6%
10	Inde	1 947	1 827	+6,6%
11	Canada	1 770	1 739	+1,8%
12	Australie	1 542	1 487	+3,7%
13	Espagne	1 340	1 480	-9,4%
14	Mexique	1 163	1 154	+0,8%
15	Corée	1 151	1 116	+3,1%
16	Indonésie	895	846	+5,7%
17	Turquie	783	774	+1,1%
18	Pays-Bas	770	838	-8,1%
19	Arabie saoudite	657	597	+10%

- **Le Revenu par tête ou par habitant** : sachant que le Revenu national d'un pays correspond au P.N.B., ***Revenu par habitant = PNB (Produit National Brut) / nombre d'habitants.***

Afin de mieux évaluer les écarts de richesses économiques entre les pays, le Revenu par habitant se calcule selon la méthode des parités de pouvoir d'achat (PPA). Le revenu exprimé en monnaie et le niveau des prix déterminent le pouvoir d'achat d'un individu dans un pays donné.
En effet, le pouvoir d'achat d'un dollar est plus élevé au Niger qu'aux États-Unis. C'est pourquoi, on calcule le PNB en parité de pouvoir d'achat en corrigeant les taux de change par le niveau des prix dans chaque pays.
Cela permet de déterminer un taux de change PPA, c'est-à-dire une devise ou un dollar ayant le même pouvoir d'achat dans tous les pays. Ainsi le PNB évalué en un « dollar international » permet de mesurer d'une manière plus réelle, les écarts de richesses par habitant entre les pays en développement et développés. Il permet donc de comparer le pouvoir d'achat des ménages des différents pays en neutralisant les différences de taux de change et en prenant en compte le coût de la vie.

Malgré leur pertinence, ces indicateurs restent toutefois quantitatifs pour apprécier le niveau de vie. D'autres critères peuvent être utilisés pour mesurer les aspects qualitatifs du développement. L'« être » est aussi important que l'« avoir ».

2. Les indicateurs sociaux

Amartya Kumar SEN (1933-) : économiste indien, Prix Nobel d'économie en 1998 pour ses travaux sur le développement. Il est à l'origine des indicateurs de bien-être des populations dont le plus célèbre est l'indice de développement humain, utilisé depuis par le Programme des Nations Unies pour le Développement (PNUD) pour apprécier le développement.

- **L'Indice de Développement Humain :** est un indice combinant trois éléments : niveau de vie + espérance de vie/santé + taux d'alphabétisation ou scolarisation. Il est compris entre 0 et 1.
Un IDH proche de 0 signifie que les conditions du développement que sont l'éducation, la santé, ne sont pas encore en place. Au contraire, un IDH proche ou égal à 1 traduit une politique de développement qui se caractérise par l'accès aux soins, l'accès à l'éducation pour un pays, donc par une amélioration qualitative du niveau de vie.

- L'Indice de Pauvreté Humaine : est un indice qui mesure le niveau de pauvreté en prenant en compte les inégalités à l'accès à l'emploi, à l'éducation et à la santé. Plus il est élevé, plus le niveau de développement est faible.

2) Les inégalités dans le monde

La croissance des inégalités de revenus au niveau mondial s'est accrue entre les pays les plus riches et les pays les plus pauvres. Le PIB par habitant des pays les moins avancés est en moyenne trente fois plus faible que celui des pays riches.

Quelles sont ces inégalités entre les pays développés et les pays en développement ?

a) Les inégalités économiques entre les pays

L'économie mondiale ne forme pas un monde homogène. Des pays se développent plus vite que d'autres à des rythmes différents. Ces développements économiques différents ont fait apparaître des sous ensembles mondiaux territoriaux inégalitaires.

1. Les inégalités de revenus

A partir des indicateurs économiques que nous avons présentés plus haut, la Banque Mondiale distingue trois catégories de pays :

Classification des pays	**PNB/Habitant en dollar constant/an**
Les pays à faible revenu	PNB/Habitant inférieur à 975 $ (Pays d'Afrique Noire, Inde, Bangladesh, Birmanie).
Les pays à revenu intermédiaire	PNB/Habitant compris entre 976 $ et 11905 $ (Pays du moyen d'Orient, Chine, Brésil, Turquie, Amérique du Sud).
Les pays à revenu supérieur	PNB/Habitant supérieur à 11906 $ (USA, Europe de l'Ouest, Japon, Pays exportateurs de pétrole)

Le cinquième le plus riche de la population mondiale détient plus de 84% de la richesse mondiale, alors qu'il en recevait 70% en 1960. Le cinquième le plus pauvre, reçoit quant à lui, seulement un quart de cette richesse.

A côté de ces écarts de revenus entre les pays de la planète, s'ajoutent des difficultés à s'insérer dans la mondialisation par les relations commerciales et financières. Ces relations sont très inégales. Certains pays profitent des échanges commerciaux, d'autres les subissent.

2. Les inégalités commerciales

- **Un échange commercial mondial inégal**

Certains pays profitent plus que d'autres du commerce international et de leur ouverture sur l'extérieur. D'autres doivent davantage exporter pour obtenir la même quantité d'importation. La dégradation des termes de leur échange handicape et freine leur développement. C'est le cas de la plupart des pays d'Afrique centrale.
De nombreux pays en développement sont confrontés à des mesures protectionnistes de la part des pays industrialisés (exemple : la production du coton qui est subventionnée aux États-Unis et qui fausse la concurrence avec celle du Mali).

Les pays en développement pèsent environ 30% à 35% des échanges mondiaux. Cette proportion est le fait du développement des pays émergents (notamment la Chine et l'Inde) qui tirent leur croissance grâce à leurs exportations.
Les pays en développement sont beaucoup plus dépendants de leurs échanges avec les pays industrialisés, alors que ces derniers, ne le sont pas à leur égard. Cela fragilise leur développement économique, puisque celui-ci dépend de la situation économique des pays développés.
En revanche les pays développés, réalisent plus de la moitié de leurs échanges entre eux.

- **Un échange financier mondial inégal**

Malgré leurs atouts économiques (faible coût de la main d'œuvre, faible fiscalité, législation sociale quasi-inexistante), les pays en développement restent globalement peu attractifs à l'exception de la Chine. L'investissement international se concentre sur quelques pays émergents. La part des investissements directs de l'étranger reste inférieure à 2 % dans les pays les moins avancés. Et pourtant, se sont ceux qui en ont le plus besoin.

L'investissement international des pays industrialisés dans les pays du Sud est davantage motivé par une logique de rentabilité et de recherche d'un gain que par une aide au développement. Et pourtant nous aurions intérêt à ce que les pays du « *tiers monde* » s'enrichissent pour que nos économies s'enrichissent elles-aussi. Malheureusement, l'échange international nous montre qu'il se fait dans le but de profiter de l'avantage de l'autre en le dominant et non en collaborant.

Depuis la crise des matières premières de 2007/2008, de nombreux pays et particulièrement la Chine, investissent dans les terres agricoles de l'Afrique afin de garantir leurs approvisionnements alimentaires.
Cela fait courir de gros risques pour les pays bénéficiant de ces investissements étrangers. En effet, ces opérations d'investissement ne profitent pas à la population du pays. Elles représentent des menaces pour le pays d'hôte.
Elles réduisent leurs cultures vivrières nécessaires pour subvenir aux besoins de leur population et provoquent des tensions sociales qui constituent des obstacles à leur développement. De plus, elles créent des déséquilibres environnementaux. Ces achats de terres agricoles accélèrent la déforestation, la pollution et la réduction des nappes phréatiques.

b) Les inégalités démographiques et sociales entre les pays

Aux inégalités de revenu entre les pays de la planète s'ajoutent des inégalités sociales. Lesquelles ?

1. Les inégalités démographiques

La population des pays développés diminue et vieillit de plus en plus. A l'inverse, celle des pays en développement s'accroît de plus en plus. La proportion de jeunes dans la population des pays en développement ne cesse de s'accroître. Ces pays ont de plus en plus de mal à les intégrer.
Les pays en développement représentent environ 80 % de la population mondiale. Le monde est ainsi divisé en deux parties démographiques.

D'un côté, les pays développés qui ont achevé leur transition démographique. De l'autre, les pays en développement qui sont confrontés à une croissance rapide de leur population car leur taux de natalité a diminué, mais beaucoup moins que leur taux de mortalité.

2. Les inégalités sociales

Le nombre de pauvres dans le monde aujourd'hui est estimé, selon la Banque mondiale, à 1,4 milliards de personnes. Le pourcentage de pauvres vivant avec moins de 1,25 dollar par jour a diminué de moitié. Il se situait environ à 25 % en 2012. Malgré cette baisse, il y a encore des milliers de personnes qui n'ont pas accès ni à la santé, ni à la nourriture, ni à l'éducation.

Le contraste de la sous alimentation et de la surconsommation est très fort entre les pays « pauvres » et les pays « riches ». La malnutrition est toujours forte dans les pays les moins avancés.
Les inégalités sanitaires et du savoir, sont aussi très prononcées. Aux systèmes de santé et éducatif des pays industrialisés s'opposent des systèmes très rudimentaires des pays en développement.

Toutes ces inégalités, nous démontrent que notre planète ne forme pas un seul monde, mais plusieurs mondes. Les pays ne sont pas égaux face au développement. Certains arrivent à surmonter les obstacles naturels (absence de ressources naturelles), les obstacles économiques et sociaux, alors que d'autres n'y parviennent pas. D'où la nécessité de l'aide internationale.

Les pays en développement présentent des difficultés communes. En effet, ils sont confrontés à des handicaps qui ralentissent leur développement. Lesquels ?

Mais certains ont pu émerger du sous développement. Pourquoi ? Et comment ?

II- Les caractéristiques du monde en développement

1) Leurs caractéristiques communes : les principales difficultés

L'utilisation d'indicateurs de développement met en lumière un certain nombre de caractéristiques communes à l'ensemble des pays en développement. Elles représentent les difficultés auxquelles ils sont plus ou moins confrontés. Quelles sont-elles ?

a) Les difficultés sociodémographiques

1. Les difficultés démographiques

Les pays en développement sont confrontés à la croissance rapide de leur population. Ils représentent 80% de la population mondiale. Cette croissance démographique représente un handicap dès lors que celle-ci croît plus vite que les richesses économiques. Le taux d'urbanisation augmente, amplifiant un développement plus ou moins anarchique de mégapoles dans lesquelles les infrastructures sanitaires restent rudimentaires.

Thomas Robert MALTHUS (1766-1834) : Dans l'Essai sur le principe de population, il démontre que la population augmente de façon exponentielle ou géométrique (par exemple : 1, 2, 4, 8, 16, ...) tandis que les ressources croissent de façon arithmétique (1, 2, 3, 4, 5, 6,...). Il en conclut le caractère inévitable de catastrophes démographiques qui sont à l'origine des crises économiques (population croît plus vite que la production), ou à des freins au développement économique.

2. Les difficultés sociales et culturelles

Les systèmes de santé restent archaïques et de nombreux pays pauvres dépendent de l'aide internationale. Le taux d'alphabétisation, malgré des progrès très nets, reste encore faible dans certains pays du « Sud ». La culture, la religion, dans certains cas, ralentissent les changements nécessaires au développement économique en refusant tout progrès.

Les conditions de travail (rémunération, durée du travail, hygiène, protection sociale…) des salariés ne s'améliorent que très lentement. Les femmes sont les plus défavorisées.

b) Les difficultés économiques et politiques

1. Les difficultés économiques

- **<u>Les paradoxes économiques</u>**

Les pays les plus pauvres ne sont pas toujours ceux qui ont le moins de ressources naturelles ou économiques (Angola, Zambie). Par ailleurs, leur taux de croissance est souvent élevé, masquant des inégalités et une pauvreté d'une partie de leur population.
Au sein même de certains pays, coexistent d'énormes fortunes avec la misère où la population se tue au travail pour survivre.

- **<u>Les dépendances économiques</u>**

  - **Sur le plan commercial**

Ils sont victimes de l'échange inégal. Ils sont souvent mono-exportateurs, ce qui les rend vulnérables, car leurs recettes d'exportation dépendent des fluctuations du cours de ce produit. Ce qui empêche la programmation d'investissements nécessaires à leur développement.

  - **Sur le plan financier**

Ils sont très endettés notamment pour les plus pauvres. Le remboursement des capitaux et le paiement des intérêts absorbent une grande partie de leurs recettes d'exportation, ce qui freine leur développement. Ces pays ont du mal à faire face à leurs obligations.

- **Sur le plan industriel**

Du fait de leur faible niveau financier, d'éducation, culturel et d'industrie limitée, leur capacité d'innovation est pratiquement inexistante. La recherche scientifique est absente ou peu développée.

2. Les difficultés politiques

Les grandes firmes multinationales forment des enclaves économiques dans les pays pauvres et exercent un contrôle sur ces économies (groupes pharmaceutiques, pétroliers et industriels). Les régimes politiques oligarchiques ou totalitaires de ces pays entravent leur processus de développement et leur modernisation. En effet, l'un des freins au développement est l'instabilité politique dans ces pays (notamment les pays les moins avancés), dans lesquels les dictatures se succèdent. Dans la plupart de ces pays, l'État est dans l'incapacité de mettre en place des structures institutionnelles, juridiques et économiques capables de protéger les individus, de protéger la propriété et garantir les droits des citoyens.

Or, seule une autorité légitime et démocratique permettrait le décollage du développement économique.

Les caractéristiques du « non développement » se retrouvent à des degrés divers dans l'ensemble des pays en développement, mais leur diversité ou leur hétérogénéité a conduit à un « Tiers monde éclaté », à en faire un ensemble hétérogène. Ce qui conduit à ne plus parler du « Tiers monde » mais des « Tiers mondes ».

Il est possible aujourd'hui de distinguer plusieurs groupes de pays ayant des niveaux de développement totalement différents.

Lesquels ?

2) Un « Tiers monde » éclaté : des PMA (pays les moins avancés) aux pays émergents

Nous nous attacherons ici à évoquer et à analyser les deux groupes extrêmes des tiers mondes, présentant des caractéristiques opposées : les pays les moins avancés et les pays émergents comme l'Inde et la Chine.

a) Les pays les moins avancés : « *les oubliés de la croissance* » (fig.38)

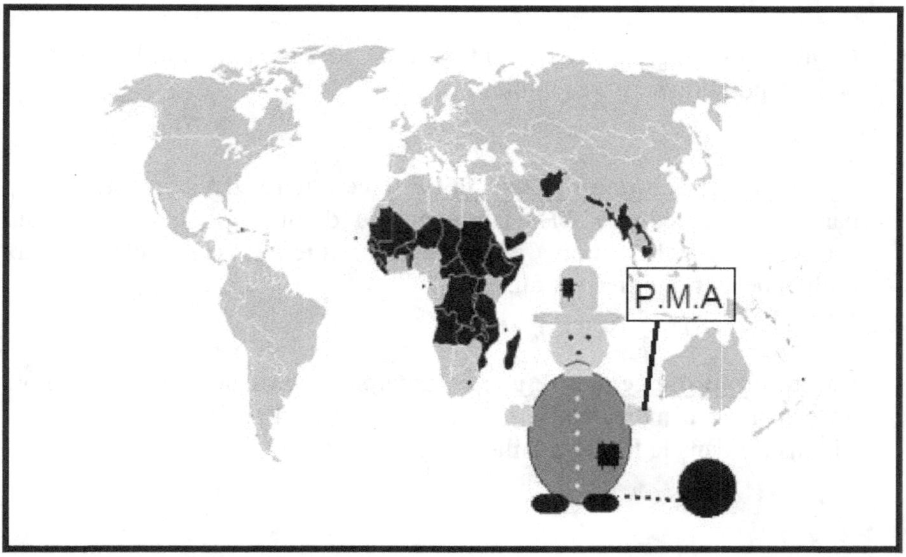

(fig.38)

1. **Qui sont-ils ?**

Les P.M.A. (Pays les moins avancés) regroupent les pays les plus pauvres de la planète. Ils sont une cinquantaine de pays. La grande majorité d'entre eux se situe sur le continent Africain (Angola, Bénin, Burkina Faso, Ethiopie, Guinée, Mali, Mauritanie, Mozambique, Niger, Sénégal, Somalie, Soudan, Tchad…).

Trois critères sont retenus par l'O.N.U. pour qualifier ces pays de « moins avancés ».

Lesquels ?

- **Le niveau de vie** : le PNB est inférieur à 750 $ par habitant. Les revenus de la population sont très faibles.

- **Les ressources humaines très faibles** : ce critère social se détermine à partir de l'indicateur IDH (faible niveau d'éducation, population qui souffre de malnutrition, taux de mortalité infantile élevé, taux d'alphabétisation inférieur à 20%...).

- **La vulnérabilité économique** : ce critère économique prend en compte un ensemble d'indicateurs tels que : la part de l'agriculture, la part de l'industrie dans le PNB, la taille de la population.

2. Leurs caractéristiques

Comment sont-ils ?

- **Leurs caractéristiques économiques**

  - **Leur dette**

Leur endettement est un handicap économique considérable. Leur dette à l'égard de l'étranger et du FMI s'est fortement alourdie dans les années 80. Elle est devenue insoutenable aujourd'hui. Les PMA n'ayant pas d'infrastructures bancaires nationales permettant de financer leur développement, ont du se tourner vers l'étranger pour trouver les financements. Ils se sont endettés lourdement. Ils ont été contraints de réduire leurs dépenses pour lutter contre la pauvreté afin de rembourser leur dette.

Cet endettement freine leur développement économique, car plus du tiers des recettes de leurs exportations sert au remboursement de la dette et de ses intérêts. Or malgré le rééchelonnement de leur dette et la réduction des taux d'intérêt, leurs recettes restent toujours insuffisantes pour financer les investissements nécessaires à leur développement. De plus, leurs exportations ne reposant, soit que sur un seul produit, ou soit que sur des produits primaires, sont soumises aux variations des cours du marché. Cette instabilité nuit à la planification des investissements.

Cette dette arrive à un seuil qui décourage tout investissement et pénalise la consommation. Elle a des effets pervers sur la croissance économique.

Elle réduit ainsi la probabilité de remboursement et décourage les investisseurs étrangers. Elle contribue aussi à accroître la misère qui est le terrain fertile à l'instabilité politique et à la corruption.

Alors ne serait-il pas l'intérêt de tous, d'annuler leur dette et de participer à leur essor économique ? La coopération entre les Nations ne serait-elle pas plus profitable que leur compétition ?

- **Leur commerce extérieur**

Les PMA se caractérisent par un déficit commercial très important. Ils importent plus que ce qu'ils exportent. Ils sont fortement dépendants de l'étranger. Leur économie dépend des exportations de produits primaires qu'ils produisent pour les pays développés. Ils sont obligés d'exporter davantage, pour couvrir le niveau des importations devenues de plus en plus chères. Cette détérioration des termes de l'échange empêche le financement de leur développement. L'échange inégal maintient ainsi ces pays dans la production de produits primaires et les condamne à servir de débouchés aux produits manufacturés de pays développés.

- **Leur PIB**

La structure de leur PIB (Produit intérieur brut) n'est pas homogène. En effet, les PMA ont des structures de PIB très différentes. Certains ont une agriculture conséquente mais hélas peu productive à défaut de technologie, d'autres n'en n'ont pas et sont obligés d'importer les produits de première nécessité. La part de l'industrie est très faible dans le PIB, voire quasi-inexistante.

Beaucoup de ces pays ont toutefois des richesses importantes qui ne sont pas exploitées faute de moyens techniques, financiers et humains (Le Gabon par exemple). Ou encore, qui sont très mal réparties. L'Angola, par exemple, est une terre féconde, disposant de pétrole et de diamants. Ses richesses sont accaparées par une minorité vivant dans l'opulence, alors que la majeure partie de la population vit dans le dénuement.

Leur population est en situation d'extrême pauvreté.

- **Leur infrastructure**

Elle est très faible, voire souvent inexistante. Le réseau routier est rudimentaire comme celui de l'électricité et de l'eau.

- **<u>Leurs caractéristiques sociales</u>**

Les indicateurs sociaux y sont plus alarmants que dans les autres pays sous-développés.

- **Education**

Le taux de scolarisation est très faible. Il y a très peu d'écoles. Le taux d'alphabétisation est très bas. L'éducation est le fondement du développement économique. Or ces pays sont fortement handicapés par cette absence de formation et de savoir. Sans la connaissance, le développement devient impossible. D'où l'urgence de développer les écoles, les centres de formation. De nombreuses ONG s'y sont engagées et font un travail remarquable.

- **Santé**

Les PMA à défaut d'équipements sanitaires et d'hygiènes, sont confrontés à des maux sociaux divers comme :
Une malnutrition et sous-alimentation d'une grande partie de leur population.
Une faible espérance de vie (moins de cinquante ans), une mortalité infantile importante et des maladies bénignes mais qui ne sont pas soignées. La population ne peut accéder aux soins élémentaires.

La plupart de ces pays ne survivent que grâce à l'aide internationale.

Les PMA sont enfermés dans le cercle vicieux du sous-développement des trois rouages qui activent les trois blocages. Et pourtant, il suffirait d'un grain de sable pour enrayer ces rouages.

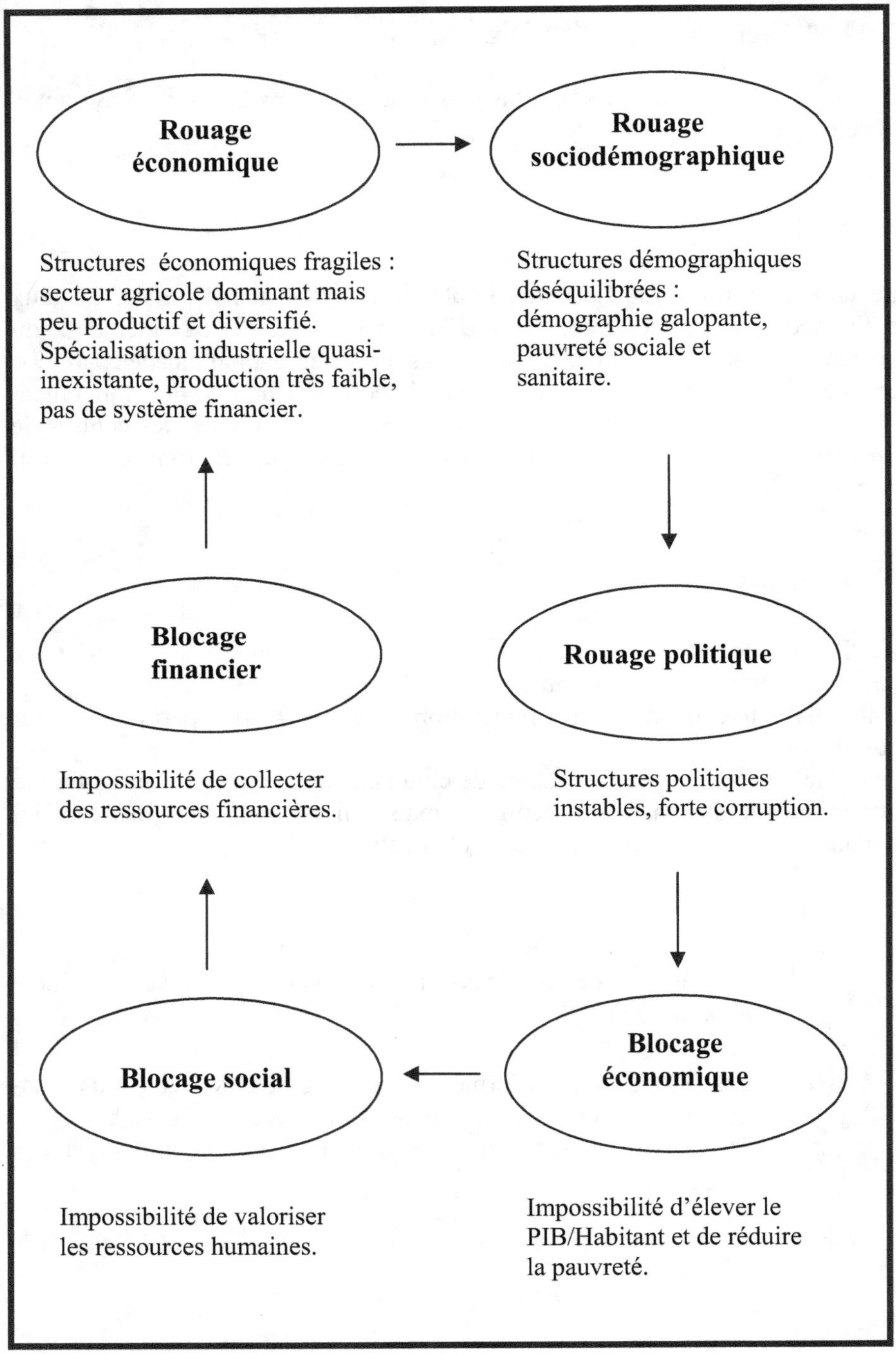
Rouage économique
Rouage sociodémographique
Structures économiques fragiles : secteur agricole dominant mais peu productif et diversifié. Spécialisation industrielle quasi-inexistante, production très faible, pas de système financier.
Structures démographiques déséquilibrées : démographie galopante, pauvreté sociale et sanitaire.
Blocage financier
Rouage politique
Impossibilité de collecter des ressources financières.
Structures politiques instables, forte corruption.
Blocage social
Blocage économique
Impossibilité de valoriser les ressources humaines.
Impossibilité d'élever le PIB/Habitant et de réduire la pauvreté.

CONCLUSION :

Les pays les moins avancés sont les pays les plus pauvres de la planète. Structurellement handicapés dans leur développement, ils méritent d'être aidés, afin qu'ils puissent remplir les conditions préalables à leur développement et prendre ainsi en charge leur destin économique.

L'avenir des PMA est un enjeu crucial de la mondialisation de l'économie. Il mérite une attention particulière de la communauté internationale. Les inégalités entre les pays riches et pays pauvres ne doivent plus se creuser.

Laisser se développer la misère dans ces pays, fait courir le risque de flux migratoires incontrôlés pouvant provoquer de graves crises politiques.

La coopération entre les pays « riches » et pays « pauvres », doit faire partie des objectifs du Millénaire pour le Développement. Elle doit être guidée, animée, par un esprit de solidarité et par un souci de développement économique, faisant passer le combat de la misère avant la recherche d'un gain économique.

Leur développement est aujourd'hui, soumis aux diverses stratégies des entreprises multinationales recherchant d'abord à satisfaire leur propre intérêt plutôt que celui de ces pays. Or tant que régnera cette domination économique égoïste dans les relations commerciales entre ces firmes et ces États, il sera très difficile de créer les structures permettant de sortir du sous-développement. Malgré les aides internationales (les PMA reçoivent environ un tiers de l'aide publique provenant des pays développés) et les programmes de développement des Nations Unies, les pays les moins avancés, ont toujours le plus grand mal à entrer dans la phase du décollage du développement économique.

Ne faudrait-il pas engager une union économique et commerciale entre tous ces pays, afin de faire naître cette première étape de la croissance qui leur fait tant défaut ? Ce n'est que par l'union, par la solidarité entre les États, que le non développement pourra enfin être éradiqué en garantissant la paix entre eux !

A côté de cette misère d'une partie du globe, certains pays ont émergé de la pauvreté grâce à leur insertion dans les échanges internationaux. Quels sont ces pays émergents ? Comment ont-ils pu sortir du sous-développement ?

b) Les pays émergents : « *les dopés de la croissance* » (fig.39)

« Quand la Chine s'éveillera, le monde tremblera ! »

Les deux géants de l'émergence…

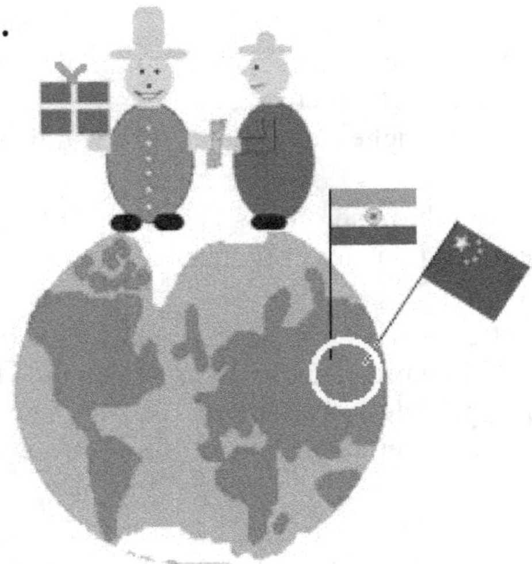

(fig.39)

La notion de « pays émergents » ne correspond à aucune définition économique précise. Elle est une dénomination de pays, qui faisant partie des pays en développement, sont en train de sortir du non-développement grâce à leur insertion dans le commerce international leur assurant une croissance durable. Ils convergent progressivement vers les modèles de développement des pays industrialisés. C'est le cas des quatre principaux (Brésil, Russie, Inde et Chine) parmi la cinquantaine de pays qui ont amorcé le processus de l'émergence.
Nous nous intéresserons plus particulièrement à l'Inde et à la Chine, challengers des vieilles puissances économiques, qui affichent, depuis quelques années, des taux de croissance supérieurs à ceux des pays dits « riches ».
Ces pays, émergent de l'ensemble des économies de la planète et font basculer le monde, brouillant ainsi la partition du clivage Nord/ Sud.
Quelles sont les raisons de leur essor ? Une telle émergence persistera-t-elle ?

1. Leurs caractéristiques

Les économies de l'Inde et de la Chine, perçues autrefois comme sous-développées, s'imposent aujourd'hui dans le monde. Ces nouveaux maîtres du monde sont les grands gagnants de la mondialisation.

Sur quoi repose leur décollage économique ?

Depuis la fin des années 90, un grand nombre de ces pays émergents ont amorcé un rattrapage économique. Il s'est effectué en plusieurs étapes.
Il s'appuie sur ce que l'historien Claude CHANCEL identifie comme les cinq « **E** » : **État**, **E**ducation, **E**ntreprise, **E**xportation et **E**pargne.

- **Première étape : une structure favorable au développement**

Grâce à :

- **L'État**

La forte intervention de l'État, accompagnée d'une relative stabilité politique, garantit la confiance des investisseurs et solidifie les relations commerciales. Cette intervention a permis la réalisation de réformes inspirées du capitalisme libéral. L'État a ainsi adhéré aux principes de l'économie de marché et favorisé l'ouverture de l'économie sur l'extérieur, ce qui était impensable autrefois.

- **L'Éducation**

Elle a été le tremplin de leur développement, car une population éduquée et formée favorise l'innovation, l'essor des nouvelles technologies, l'indépendance technique, donc participe activement à la croissance du P.I.B. Le capital humain est une variable qui a contribué au développement de leurs infrastructures industrielles, de leurs produits et services (l'informatique pour l'Inde par exemple). Le taux d'illettrisme a fortement diminué ainsi que le nombre d'enfants non scolarisés.

- **L'Entreprise**

Ces pays se sont spécialisés dans les secteurs dans lesquels la main d'œuvre est abondante et bon marché. A partir de cet avantage comparatif, leurs entreprises se sont orientées dans les productions à forte intensité de main d'œuvre. C'est grâce à cet avantage concurrentiel, que la Chine est devenue la manufacture du monde, le gigantesque atelier de la planète dans pratiquement tous les domaines : vêtements, ordinateurs, électroménagers, jouets...Quant à l'Inde, elle est devenue le plus grand sous-traitant informatique du monde.
De plus, certaines de leurs firmes se sont mondialisées en effectuant des acquisitions en Europe et aux États-Unis (exemple : Mittal, Tata, China...).

Ainsi, s'appuyant sur une intervention de l'État et sur un avantage comparatif dans le facteur travail, ils ont pu participer pleinement à l'échange international et en ont retiré tous les avantages. Ils sont en train de bouleverser les relations économiques et financières internationales par leurs échanges.

- **<u>Deuxième étape : une insertion rapide dans le commerce international</u>**

Ils ont construit toute la compétitivité de leur économie sur une main d'œuvre dont les salaires sont associés à des conditions de travail rudimentaires, à une protection sociale inexistante et à des droits sociaux embryonnaires, voire parfois indignes. Ce *dumping social*, leur permet aujourd'hui, d'être les plus offensifs à l'exportation en faussant la concurrence. Ce déséquilibre dans les relations commerciales internationales, pourrait à terme, au nom de la compétitivité, mettre en péril les modèles sociaux des pays industrialisés et finalement se retourner contre eux-mêmes. Car lorsque les « *clients* » vont mal, les « *fournisseurs* » deviennent vulnérables.

- **L'Exportation**

Leur croissance est tirée par leurs exportations. En effet, la Chine par exemple, tout en protégeant son marché intérieur, est devenue un géant commercial depuis la fin des années 90.
Depuis, elle connait des excédents commerciaux réguliers. Cette insertion commerciale dans la mondialisation lui a permis d'accumuler des réserves de change considérables et de dégager une forte épargne liée aussi aux investissements directs de l'étranger.

- **L’Epargne**

Grâce à leurs exportations, ces pays se sont enrichis. Aujourd’hui, la Chine dispose d’une épargne abondante en raison de son émergence économique, mais aussi du fait de l’absence de protection sociale qui contraint la population chinoise vieillissante à épargner.

La Chine est aujourd’hui, le principal financeur des États-Unis. Elle poursuit l’élargissement de son patrimoine financier en Europe et dans d’autres continents. Cet enrichissement a amélioré les conditions de vie et le niveau de vie d’une partie de sa population. (fig. 40)

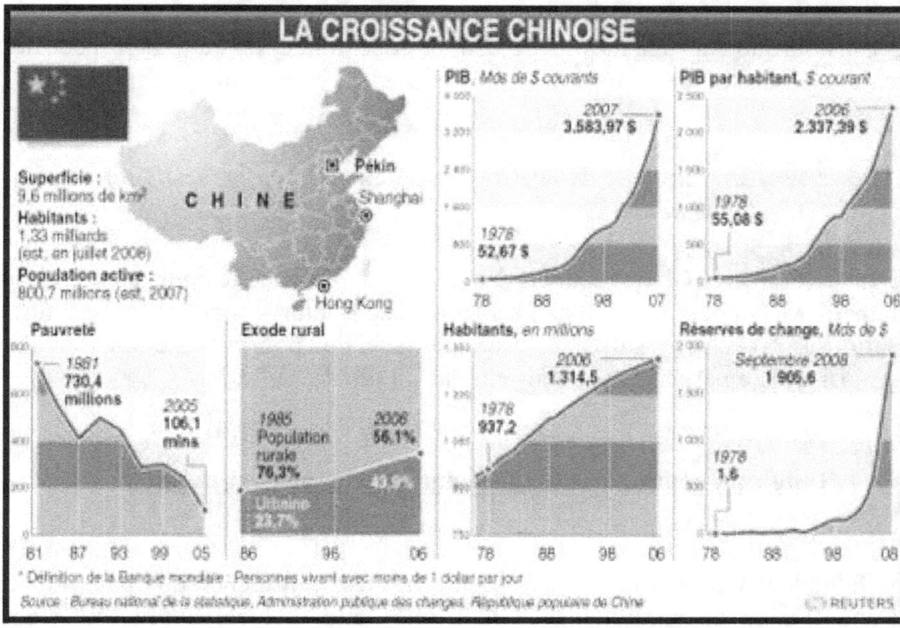

(fig.40)

- **<u>Troisième étape : la demande intérieure prend peu à peu le relais</u>**

La croissance forte a légèrement augmenté les revenus de la population chinoise. Elle a contribué à améliorer leur niveau de vie notamment celui de la classe moyenne, susceptible de stimuler la demande intérieure. Cette amorce de bien être, pourrait remettre en cause leur avantage comparatif qui fait trembler les modèles sociaux des pays dits « riches ».

Les pays riches ne dominent plus le monde aujourd’hui, et c’est heureux !

Ces nouveaux maîtres du monde, que sont la Chine et l'Inde, font basculer la richesse de l'Ouest à l'Est en modifiant la partition Nord/Sud.
Même si ces pays émergents sont encore loin de rattrapés le niveau de vie des pays industrialisés, leur développement rapide menace les relations commerciales et financières de la triade.
La compétition, une des vertus du libéralisme économique, pourrait bien vite trouver ses limites. Car le progrès économique ne peut pas se développer sans le progrès social. Or lorsque l'un des progrès domine l'autre, les deux finissent par s'effondrer !
Tant qu'il n'y aura pas de véritables règles sociales internationales, le libre échange sera toujours inégal et injuste.
C'est pourquoi, un tel rattrapage économique fondé sur le non respect des règles sociales pourrait anéantir cette émergence. Pourquoi ?

2. Les limites de cette émergence : *« une croissance sans développement »*

L'Inde comme la Chine, connaît des taux de croissance les plus élevés de la planète. Mais pour ces géants, c'est au prix de fractures sociales croissantes.
Bâtir sa prospérité sur une précarité sociale pourrait bientôt devenir explosive. L'émergence ne serait-elle qu'un feu de paille ?

- **L'Inde : un géant à double face entre richesse et pauvreté**

L'Inde est un allié des États-Unis. C'est un pays de culture anglophone qui a parfaitement fait sien le modèle libéral et qui a conscience que dans le cas d'une rivalité économique avec la Chine cette dernière aurait toutes les chances de l'emporter à défaut d'un soutien américain.

L'Inde a finalement parfaitement conscience de son état : elle n'est pas encore une authentique puissance globale.

Pourquoi ?

La dixième puissance économique mondiale se caractérise par un progrès économique rapide, par une croissance impressionnante et une prospérité dans les secteurs de pointe comme l'informatique ou la pharmacie. Cependant, face à ce décollage économique vertical, s'oppose un déclin social inquiétant qui entrave son développement.

- **Une fracture sociale (fig.41)**

La fracture sociale entre les bénéficiaires de la mondialisation et une grande partie de la population vivant dans la misère ou étant en survie, s'est considérablement aggravée.

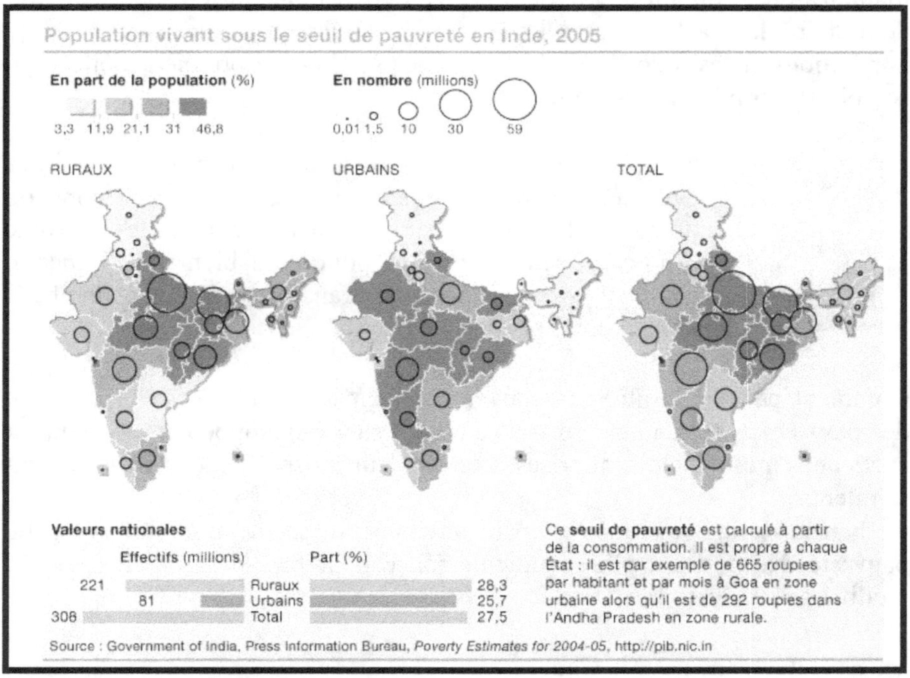

(fig.41)

Plus de 80% de la population vit avec moins de deux dollars par jour. La moitié de cette population est en état de malnutrition. Cette pauvreté a amplifié l'exode vers les villes avec un développement exponentiel des bidonvilles et des sans toit. L'État est incapable d'assurer son rôle social pour maintenir le développement. Il est tout aussi impuissant à répondre aux besoins primaires de la population en termes de santé et d'éducation, contrairement à la Chine. Le système des castes crée des blocages culturels et empêche toute réduction des inégalités.

- **Des infrastructures sommaires**

Les structures économiques du pays se heurtent à un manque d'organisation, ce qui provoque une hausse des coûts de production et freine les investissements. En effet, les réseaux routiers et ferroviaires sont défaillants. Cette absence de logistique en aval pénalise les productions et réduit les rendements agricoles et industriels. La production agricole se perd à 40% à cause de ce manque de logistique en aval et en amont. A cause de son intégration commerciale mondiale, l'Inde se trouve confrontée à des choix substantiels sur son développement, entre une agriculture de rente destinée aux échanges internationaux et une agriculture vivrière pouvant enrayer la malnutrition. L'option de l'agriculture vivrière semblerait indispensable afin de réduire la fracture entre les « oubliés de la croissance » (2/3 de la population) et les « dopés de la croissance ». C'est la première option qui semble être privilégiée actuellement.

Négligés pendant les années de croissance, ces problèmes deviennent particulièrement graves dans ce contexte international marqué par un ralentissement de l'activité économique. Les inégalités pourraient bien vite freiner le décollage économique et se transformer en une bombe à retardement.

Comment peut-on croître sans développement humain ? C'est le paradoxe des pays émergents. Leur croissance se fait sans développement humain, or si aucunes mesures ne sont prises, à terme, leur prospérité pourrait fortement se ralentir.
Le bateau de la croissance ne peut naviguer longuement sur un océan de pauvreté. Ne pouvant plus maintenir son cap, il finit par couler, sauf s'il modifie ses voilures !

En est-il de même pour la Chine ?

- **<u>La Chine : un modèle qui s'essouffle</u>**

« Rien ne sert de courir, il faut partir à point » Jean de La Fontaine

L'essor économique de la Chine s'est réalisé à une vitesse stupéfiante. Ce rattrapage économique a fait reculer la pauvreté en Chine, mais a aussi creuser les inégalités de revenus depuis les années 90.

Malgré le chemin parcouru, la Chine reste encore un pays qui devra surmonter de nombreux obstacles pour rejoindre le groupe des pays industrialisés.

Lesquels ?

- **Les obstacles sociaux**

Les premières difficultés auxquelles la Chine devra faire face sont la montée des inégalités. Celles-ci ont progressé malgré les forts taux de croissance du pays. Les différences de revenus se sont accentuées entre ceux qui vivent à la ville et ceux vivant à la campagne, provoquant ainsi un exode rural inquiétant.
Le coefficient de Gini dans le pays serait de l'ordre de 5. De telles inégalités, pourraient compromettre à terme le développement économique.

- **Les obstacles extérieurs**

La Chine connaît une croissance impressionnante grâce à ses exportations. Elles tirent l'activité économique du pays.
Les produits chinois inondent désormais la planète, menacent les emplois des pays « riches », tirent les salaires de ces pays vers le bas pour maintenir un niveau de compétitivité. Ils sont contraints d'accepter la précarité afin de sauver les emplois exposés à la concurrence.
Or, lorsque les « *clients* » se fragilisent ou s'appauvrissent, les « *fournisseurs* » deviennent vulnérables faute de carnets de commandes bien remplis. C'est le cas pour la Chine.
En effet, par sa concurrence déloyale et par sa compétitivité fondée sur le facteur travail, elle menace le niveau de vie des pays industrialisés et aggrave les inégalités au sein de ces pays. Ce phénomène ralentit leur activité et de fait, réduit le volume des exportations de la Chine.
Il deviendra donc de plus en plus difficile pour la Chine de compter sur ses performances extérieures pour tirer sa croissance. Son principal moteur économique pourrait bien vite se gripper.
Un tel changement remet en question l'avantage concurrentiel de la Chine.

Pour le surmonter, elle devra orienter une partie de sa production vers sa demande intérieure et pour l'extérieur vers les produits haut de gamme nécessitant une main d'œuvre plus qualifiée et mieux rémunérée.
Ce défi sera ambitieux et périlleux, car la Chine devra en même temps relever le défi démographique afin de rester dans la course au développement tout en supportant une réduction de son avantage comparatif.

- **Les obstacles démographiques**

La Chine se trouve confrontée à un vieillissement de sa population. A cause d'une réduction du nombre des naissances liée à la politique de l'enfant unique, sa population active va diminuer à partir de 2015/2020.
Elle devra faire face à deux évolutions démographiques : d'un côté un vieillissement de sa population et de l'autre une diminution de sa population active. Ces deux évolutions vont bouleverser son avantage compétitif fondé exclusivement sur le facteur travail.
Le poids des personnes âgées devenant de plus en plus lourd, sera de plus en plus coûteux pour le pays, d'autant plus que le nombre d'actifs se réduira. Les coûts salariaux pourraient s'élever et donc remettre en question la compétitivité des exportations.

Cependant, si cette hausse des revenus inhérente à ces déséquilibres démographiques profite aux ménages de la classe moyenne et à ceux de la classe la plus défavorisée, la demande intérieure pourrait pallier la baisse des exportations.
C'est la condition essentielle pour que la croissance puisse poursuivre sa progression. Mais tout dépendra de la manière dont s'effectuera la répartition des richesses entre les entreprises et les ménages, entre les villes et les campagnes. Le développement d'un État-Providence inciterait les chinois à moins épargner et donc à soutenir la demande intérieure. Mais celle-ci, bien que permettant la poursuite du processus de développement, se heurtera à l'obstacle environnemental.

Pourquoi ?

- **L'obstacle écologique**

La Chine est perçue, à l'heure actuelle, comme un danger écologique à la fois pour sa population et pour la planète. La poursuite de son développement en aggravant la pollution, l'émission de CO_2, pourrait casser cette dynamique interne. Il faut rappeler que la Chine est le pays le plus pollueur de la planète. C'est le pays qui a refusé de signer le protocole de Kyoto et de s'engager sur la voie d'une réduction des émissions de CO_2 lors de la conférence de Copenhague.

Désormais, malgré des orientations écologiques et des investissements dans le développement durable, le modèle de croissance chinois génère des externalités négatives environnementales qui vont ralentir son développement et amoindrir son avantage concurrentiel.

CONCLUSION

Les pays émergents n'ont pas encore fini de surmonter leurs difficultés qui pourraient ralentir leur décollage économique et compromettre leur avenir.
Leurs autorités publiques semblent avoir pris la mesure de ces enjeux, mais ne sont pas encore passées véritablement à l'action.
Il est très difficile de franchir à grande vitesse toutes les étapes du développement économique.

L'étape du passage du revenu intermédiaire à celle du haut revenu semble la plus difficile et la plus longue à franchir. Son succès dépendra des politiques économiques et sociales qui seront mises en œuvre.

La croissance ouvre les frontières et fait pénétrer des idées nouvelles dans une économie qui est devenue mondiale. Si celles-ci font émerger des valeurs démocratiques, des valeurs de coopération ou de solidarité et environnementales dans ces pays émergents, la croissance permettra leur développement.
Et, celui-ci tirera ainsi la croissance mondiale.
Il changera le monde, car c'est leur demande qui deviendra le moteur de la croissance des pays « riches ». Le consommateur ne sera plus désormais l'européen ou l'américain mais le chinois, à condition que le progrès économique se fasse avec le progrès social !

Quand comprendrons-nous que le bonheur économique se trouve dans le mariage de ces deux dimensions du progrès.

Or, aujourd'hui, malheureusement, cet équilibre semble rompu car d'après les États, seul le progrès économique compte avant tout chose !

On nous fait croire que c'est le progrès économique qui engendre le progrès social, comme s'il y avait un ordre hiérarchique déjà établi.
L'économie est le fait des hommes, tout dépend de leurs choix.
Soit ils choisissent la compétition fondée sur l'égoïsme et la concurrence représentant le moteur de l'économie, soit ils choisissent la solidarité fondée sur la coopération comme vecteur du bien être économique et social.
La voie de *l'Homo economicus* est celle qui nous est imposée comme la seule possible. Les relations économiques et commerciales internationales reposent sur l'égoïsme des Nations. Or tant que les pays ne se détacheront pas de ce dogme, aucune solidarité entre les pays ne pourra naître.

Réflexion et Débat

Croissance sans développement : le paradoxe des économies émergentes !

Les pays occidentaux ne dominent plus exclusivement le monde d'aujourd'hui. La concurrence internationale a changé la configuration de l'économie mondiale.

De nouveaux maîtres du monde en devenir que sont l'Inde et la Chine, font basculer la richesse économique de l'Ouest vers l'Est en modifiant la partition Nord/Sud.

Même si ces pays émergents sont encore bien loin de rattraper le niveau de vie des pays industrialisés, leur développement rapide modifie les relations économiques et commerciales de la triade (États-Unis/Europe/Asie).

Et pourtant, la compétition, si chère aux vertus de l'*Homo economicus*, pourrait bien vite trouver ses limites.

L'Inde, comme la Chine, connaît des taux de croissance parmi les plus élevés de la planète... …mais au prix de fractures sociales croissantes. Bâtir la prospérité économique sur la précarité sociale est une forme de grand écart qui arrivera bientôt à ses limites.

L'Inde est un pays de culture anglophone qui a parfaitement fait sien le modèle libéral. Le groupe Mittal nous le démontre aujourd'hui avec ses stratégies de domination par les coûts à l'échelle mondiale.

La dixième puissance économique mondiale se caractérise par un progrès économique rapide, par une croissance impressionnante et une prospérité dans les secteurs de pointe comme l'informatique ou la pharmacie.

Cependant, face à ce décollage économique vertical, s'oppose un déclin social qui entrave son développement. La fracture sociale entre les bénéficiaires de la mondialisation et la population vivant dans la misère, s'est considérablement aggravée ces dernières années.

Plus de 80% de la population y vit avec moins de deux dollars par jour dont la moitié est en état de malnutrition. Cette pauvreté a amplifié l'exode vers les villes marquées par un développement exponentiel des bidonvilles et des sans-abris.

Quant à la Chine, son essor s'est réalisé aussi vite, grâce à ses exportations fondées sur une main d'œuvre peu coûteuse et démunie socialement. Les produits chinois inondent la planète, menacent les emplois des pays dits « développés », tirent leurs salaires à la baisse, les contraignant à accepter la précarité pour maintenir leur compétitivité.

Malgré le chemin parcouru, la Chine reste encore un pays qui devra surmonter une série d'obstacles sociaux, démographiques et environnementaux, pour rejoindre le groupe des pays développés.
Ces trois défis pourraient compromettre son modèle de développement, si les autorités chinoises ne prennent pas les mesures qui s'imposent.
La domination de la Chine sur le monde est parfois exagérée. Selon les projections des observatoires économiques internationaux, les Chinois ne doubleraient les États-Unis en termes de PIB qu'en 2032. Les Occidentaux ont donc encore un peu de répit. Et puis, le PIB ne fait pas tout. La Chine est certes, l'atelier du monde mais elle innove peu. Son modèle de développement est fondé sur une logique quantitative au détriment du qualitatif et de nombreux scandales notamment sanitaires, mettent en lumière les limites d'un modèle où seul le critère prix importe. Par ailleurs, son modèle culturel et politique reste peu attractif, à commencer pour ses voisins immédiats. Le « *Chinese way of life* » ne fait rêver personne et certainement pas les Chinois de la diaspora. Sa langue s'exporte difficilement, sa culture de même et ses universités ne valent pas encore Harvard ou le MIT. D'autre part, la Chine n'a pas de « *soft power* ». Son réseau d'alliés est faible et puis, surtout, les questions de politiques intérieures sont traitées dans l'opacité. Cette opacité masque mal les tensions sociales internes qui mèneront la Chine vers des conflits sociaux dans les années à venir. La classe moyenne émergente réclamera des droits individuels et politiques tandis que les classes laborieuses demanderont un meilleur partage des richesses. Les structures économiques et sociales du pays pourraient être alors ébranlées. La Chine est donc une concurrente modeste, mais qui aujourd'hui, gagne du terrain et fragilise les modèles sociaux des pays industrialisés en accentuant les délocalisations.
Ces pays émergents que sont la Chine et l'Inde, dopés par la croissance, ont fondé leur essor sur le progrès économique au détriment du progrès social. Or, les inégalités créées par un tel choix, pourraient bien vite freiner leur décollage économique et se transformer en une bombe en retardement.
Comment peut-on croître sans développement humain ? C'est tout le paradoxe des pays émergents. Cela pourrait être aussi, celui des pays dits « développés », si le court terme continue de déterminer le tempo de leur croissance. En effet, lorsque le court terme prime sur le long terme, l'incertitude gagne les investisseurs et s'enracine dans leurs décisions. Leur crainte oriente leur choix sur la recherche de la rentabilité immédiate ou sur des placements financiers spéculatifs plus sûrs et fructueux à court-terme, contrairement à l'innovation et au capital humain qui ne sont fructueux qu'à long terme. Ce besoin immédiat de sécurité, verrouillé par l'égoïsme, enferme les États dans une forme de croissance où le progrès économique affaiblit le progrès social pour mieux se développer. Cette règle forge le sentiment que désormais, la précarité est nécessaire pour stimuler la

croissance de demain. Or, ce fatalisme conduit à une croissance sans développement humain comme celle des pays émergents.
Alors pourquoi ne pas tirer les leçons du paradoxe des pays émergents et s'engager sur une croissance valorisant à la fois le progrès économique et le progrès social ?
Le bateau de la croissance ne peut naviguer indéfiniment sur un océan de pauvreté et d'inégalités. Ne pouvant plus maintenir son cap, il finira par couler, sauf s'il modifie sa voilure !

Pour en savoir plus …

LIVRES

- Économie contemporaine. Jean-Pierre DELAS. Éd. Ellipses 2008.
- 50 petites leçons sur l'Inde. Olivier GUILLARD. Éd. Hachette 2009.
- Homo economicus prohète (égaré) des temps nouveaux. Daniel COHEN. Éd. Albin Michel 2012.
- La voie Chinoise. Capitalisme et empire. Michel AGLIETTA, Guo BAI. Éd.Odile Jacob 2012.
- Les pays émergents. Julien VERCUEIL. Éd. Bréal 2012.
- Le prix de l'inégalité. Joseph STIGLITZ. Éd. Les liens qui libèrent 2012.

SITES INTERNET

www.alternatives-economiques.fr

http://www.inegalites.fr

http://www.revue-etudes.com/Societes/Ramses_2012

http://www.laviedesidees.fr

http://www.un.org/fr/globalissues/ldc/

http://unctad.org/fr

http://www.monde-diplomatique.fr

Glossaire

Acte unique européen : acte conclu en 1986 visant à créer un marché unique au sein de la CEE. En 1993 la CEE deviendra l'Union Européenne avec le marché unique avec la libre circulation des marchandises, des capitaux et des personnes.

Avantages absolus : avantage concurrentiel dont dispose un pays sur un autre c'est-à-dire dont les coûts de production sont inférieurs à ceux de tous les pays. C'est le fondement de la spécialisation des pays selon la théorie d'A. SMITH sur le commerce international.

Avantages relatifs ou comparatifs : Chaque pays se spécialise dans les productions pour lesquelles il dispose d'un avantage relatif c'est-à-dire là où le désavantage est le plus faible par rapport aux autres pays. C'est le fondement de la division internationale du travail d'après la théorie de D. RICARDO.

Avoirs de change : somme de devises que possèdent les autorités monétaires pour soutenir le cours d'une monnaie sur le marché des changes.

Balance commerciale : document comptable enregistrant les importations et les exportations de marchandises entre les États.

Balance des invisibles : document comptable enregistrant les échanges de services (importations/exportations) entre les États. Invisibles car les services sont immatériels.

Balance des Transactions Courantes : document comptable qui regroupe les opérations enregistrées dans la balance commerciale, dans la balance des invisibles, des transferts courants et des revenus. C'est un indicateur de la situation commerciale extérieure d'un pays.

Balances des capitaux : document comptable qui enregistre les opérations d'échanges portant sur les capitaux à long terme (investissements) et les capitaux à cour terme (investissement de portefeuille : titres financiers…).

Balance des paiements : compte retraçant le solde de toutes les balances (ou comptes). Elle enregistre l'ensemble des opérations commerciales et financières effectuées au cours d'une période donnée entre un pays et l'extérieur.

Banque Centrale Européenne (BCE) : banque centrale commune aux pays européens adhérents à l'euro. Elle conduit la politique monétaire de ces pays.

BRIC : acronyme pour désigner les quatre pays émergents Brésil Russie Inde Chine.

CAC 40 : signifie cotation assisté en continu des 40 plus grosses entreprises cotées en bourse.

Change : opération de conversion d'une monnaie nationale en une autre monnaie (devise) lors d'un échange commercial ou financier entre les résidents d'un pays avec les résidents d'autres pays.

Change fixe : système de change dans lequel le taux de change est fixé selon des accords internationaux afin de garantir leur stabilité à partir de marges de fluctuations déterminées. Système de change mis en place par les accords de Bretton-Woods en 1944. Ce système a fonctionné jusqu'en 1973.

Change flottant : Système de change dans lequel le taux de change entre les monnaies est fixé par le marché selon le principe de l'offre et de la demande. On parle de change volatil.

Commerce intra-branche : échanges internationaux de produits à l'intérieur d'une même branche (branche automobile par exemple).

Commerce intra-firme : ensemble des échanges commerciaux entre les entreprises ou filiales mondiales d'un même groupe.

Compétitivité : aptitude à acquérir des parts de marchés et à avoir un avantage concurrentiel soit par les prix ou par la qualité. On distingue ainsi la compétitivité prix et la compétitivité hors prix.

Déficit budgétaire : le budget de l'État est déficitaire lorsque les dépenses publiques sont supérieures aux ressources.

Déficit extérieur : expression couramment utilisée pour caractériser un déséquilibre entre les importations et les exportations. Lorsque les importations sont supérieures aux exportations il y a un déficit du commerce extérieur, dans le cas contraire il y a un excédent.

Délocalisation : déplacement d'une unité de production d'un pays vers un autre pays.

Dépréciation monétaire : diminution de la valeur d'une monnaie par rapport à une autre monnaie dans un système de changes flottants.

Devises : monnaies étrangères.

Développement économique : ensemble des transformations quantitatives et qualitatives qui accompagnent une croissance durable.

Division Internationale du Travail : spécialisation de la production entre les pays.

Dumping social : comportement favorisé par les gouvernements d'un pays afin de bénéficier d'un avantage compétitif grâce à un coût du travail inférieur à celui des autres pays.

Économie d'échelle : Accroissement des rendements suite à une augmentation de la production permettant une réduction des coûts fixes. Produire à grande échelle permet d'augmenter les rendements.

Économies émergentes : terme utilisé pour désigner les pays qui sortent du sous développement et qui connaissent de forts taux de croissance. Les quatre principaux pays sont : Brésil, Russie, Inde, Chine.

F.M.I. : Fond Monétaire International. Organisme international créé à la suite de conférence des accords de Bretton-Woods en 1944. Il a pour rôle d'assurer la convertibilité des monnaies, de garantir la stabilité des monnaies et de prêter aux pays en difficulté.

Importation : achat à l'étranger des agents économiques résidants sur le territoire national.

Indice de Développement Humain : indicateur mesurant le développement économique à partir de trois critères : niveau de vie + espérance de vie/santé + taux d'alphabétisation ou scolarisation.

Indice de Pauvreté Humain : indice qui mesure le niveau de pauvreté en prenant en compte les inégalités à l'accès à l'emploi à l'éducation et à la santé.

Libre échange : doctrine économique qui prône la libre circulation des marchandises et des capitaux.

Mondialisation de l'économie : Globalisation de l'économie. Interdépendance des économies au niveau mondial.

Marché financier : Lieu où s'échangent des capitaux et où se rencontrent les offres de capitaux et les demandes de capitaux selon le niveau des taux d'intérêt.

Marché commun : union douanière entre plusieurs pays.

Multinationale : entreprise implantée dans plusieurs pays ou ayant plusieurs filiales à l'étranger.

O.M.C. : Organisation Mondiale du Commerce. Organisation internationale née en 1994 qui s'est substituée au GATT (Accord Général sur les Tarifs douaniers et sur le commerce). Organe de supervision des échanges entre les pays.

PECO : pays de l'Europe centrale et orientale.

Pays émergents : pays en développement à très fort potentiel de croissance économique.

Protectionnisme : politique économique visant à protéger de la concurrence internationale le marché intérieur d'un pays à partir de différentes mesures (taxes douanières, normes…).

P.M.A. : Pays les moins avancés. Terme pour désigner les pays les plus pauvres de la planète.

Pays du « Nord » : Terme désignant les pays développés se situant dans l'hémisphère Nord.

Pays du « Sud » : terme désignant les pays en développement se situant dans l'hémisphère Sud.

Taux de couverture : rapport entre les exportations et les importations.

Taux d'ouverture : moyenne des importations et exportations par rapport au PIB.

Tiers-monde : terme utilisé pour désigner les pays en développement. Terme faisant allusion au Tiers État sous la monarchie.

Triade : désigne les trois grandes zones économiques qui dominent les échanges internationaux (États-Unis-Europe-Asie du Sud Est).

Triangle des incompatibilités : principe énoncé par Robert Mundell prix Nobel en 1999 selon lequel on ne peut avoir simultanément une libre circulation des capitaux, une fixité des taux de change et une politique monétaire autonome. Il n'est possible de satisfaire que deux objectifs simultanément.

Union douanière : zone de libre échange entre plusieurs pays pratiquant des tarifs douaniers extérieurs communs.

Zone de libre échange : ensemble de pays qui ont décidé d'abolir entre eux toute barrière douanière (L'ALENA par exemple).

Marché et Organisations
L'Harmattan

Cahiers d'économie et de gestion thématiques dont le but est de promouvoir la recherche originale sur les relations de plus en plus étroites qui se tissent entre le marché et les organisations. Les acteurs économiques de taille, de puissance et de pouvoir différents dont les intérêts peuvent être convergents, complémentaires ou, le plus souvent, antagoniques, ont tendance à organiser les marchés. La raison du marché, pourtant, est la référence stratégique pour l'entreprise ainsi que pour les institutions publiques de décision économique.

Direction : Sophie Boutillier, Marc-Hubert Depret, Blandine Laperche, Céline Merlin-Brogniart, Jean-Louis Monino, Dimitri Uzunidis (directeur de publication)

Numéros parus :

N°1 : Artisanat. La modernité réinventée, 2006

N°2 : La petite entreprise, elle a tout d'une grande. De l'accompagnement aux choix stratégiques, 2006

N°3 : Tourisme et Innovation. La force créative des loisirs, 2007

N°4 : Le travail. Formes récentes et nouvelles questions, 2007

N°5 : Les universités et l'innovation. L'enseignement et la recherche dans l'économie des connaissances, 2007

N°6 : Entrepreneuriat et accompagnement. Outils, actions et paradigmes nouveaux, 2008

N°7 : Développement durable des territoires. Economie sociale, environnement et innovations, 2008

N°8 : Développement durable et responsabilité sociale des acteurs, 2009

N°9 : Gouvernance : exercices de pouvoir, 2009

N°10 : Le travail collaboratif. Une innovation générique, 2009

N°11 : Economie sociale et solidaire. Nouvelles trajectoires d'innovations, 2010

N°12 : Relations à la marque et marques de la relation. Regards croisés sur le management relationnel de la marque, 2010

N°13 : Les contrats au service de la recherche ?, 2011

N°14 : Le potentiel économique de l'Afrique subsaharienne, 2011

N°15 : Management de la distribution, 2012

N°16 : Territoire Vert. Entreprises, Institutions, Innovations, 2012

N°17 : Eco-conception, conception et innovation. Les nouveaux défis de l'entreprise

http://riifr.univ-littoral.fr/?page_id=40
contact : Dimitri Uzunidis, uzunidis@univ-littoral.fr

Collection « L'esprit économique »

fondée par Sophie Boutillier et Dimitri Uzunidis en 1996
dirigée par Sophie Boutillier, Blandine Laperche, Dimitri Uzunidis

Dernières parutions

► ***Série Economie et Innovation***
L. LAMAIRE, *In-novations. Âmes de l'entreprise, expression du monde*, 2010.
F. AMOSSE, *TIC et organisation du travail : révolution managériale ?*, 2011.
S. BOUTILLIER, *L'artisanat et la dynamique de réseaux*, 2011.
P. DESHAYES, H. DE MEDINA (dir.), Développement durable et intelligence des matériaux. Regards croises franco-brésiliens sur les pratiques du bâtiment et de la construction, 2011.
F. LARRE, J.-M. PLASSARD, *L'enseignant : réalités économiques et enjeux professionnels*, 2012.
P. MADINIER, *Une économie de services sans servilité*, 2013.
► ***Série Le Monde en Question***
P. BURNIER DA SILVEIRA, *Le contrôle des concentrations économiques. L'expérience européenne et l'avenir du Mercosul*, 2010.
P. SARTON DU JONCHAY, *Capital, crédit et monnaie dans la mondialisation. Économie de vérité*, 2011.
J. BAUMGARTEN, *L'économie mondiale à bout de souffle*, 2011.
C. BERBERI, *Le Royaume-Uni face à l'euro. De la prudence à l'hostilité*, 2012.
K. EDGEWEBLIME, *Le FMI en Afrique*, 2012.
M. SANTI, Splendeurs et misères du libéralisme, 2012.
P. BAGUS, *La tragédie de l'euro*, 2012.
C. BERTHOMIEU, J.-P. GUICHARD, E. PONOMARENKO (dir.), *La Russie, l'Europe et la méditerranée dans la crise*, 2013.
► ***Série Krisis***
A. DULOT, P. SPIESER, L'économie entre savoir et illusion. Critique de la raison économique, 2011.
D. DE CALLATAY, *Le pouvoir de la gratuité. L'échange, le don, la grâce*, 2011.
J. BLANCHET, *Sciences de la nature et sciences humaines*, 2012.
J. BLANCHET, *Utilitarisme et positivisme. Une analyse critique*, 2012.
J. BLANCHET, *Utilitarisme et positivisme. Une analyse critique*, 2012.
► **Série *Clichés***
S. BOUTILLIER, D. UZUNIDIS (dir.), *La Russie européenne. Du passé composé au futur antérieur*, 2008.
R. VOLPI, *La négociation. Pain, paix, liberté*, 2009.
► ***Série Cours Principaux***
P. MASSE, *Histoire économique et sociale du monde (tome 1). De l'origine de l'Humanité au XXe siècle. Economie générale et société. Evolution des théories économiques*, 2011.
P. MASSE, Histoire économique et sociale du monde (tome 2). De l'origine de l'Humanité au XXe siècle. Evolution des activités économiques et financières, 2011.
G. FONOUNI-FARDE, *Introduction à l'analyse économique. L'économie pour tous !*, 2011.
J. BOURDARIAT, *Le commerce international. Théories et pratiques actuelles*, 2011.
J. BLANCHET, *L'économie : concepts, méthodes, outils*, 2012.
L. DANIEL, M. RUIMY, *Taux d'intérêt et marches financiers*, 2013.
► ***Série L'économie formelle***
R. GAUCHER, *Psychologie de l'argent et économie. Abolirons-nous la pauvreté dans les pays riches ?*, 2011.
J. HUERTA DE SOTO, *Monnaie, crédit bancaire et cycles économiques*, 2011.
V. LEDERMAN, *Inefficience des marchés et inefficacité des règles. Risque financier majeur*, 2011.
F. MACHROUH, *Crises bancaires : comprendre pour mieux prédire*, 2012.
J. ATLAN, *L'argent des pauvres, les milliards des banques. Alternatives financières et politiques*, 2012.
F. DUHAMEL, A. DUNOYER de SEGONZAC, *La cocotte-minute financière. Petit précis de décomposition socio-économique*, 2012.
P. BRACONNIER, G. CAIRE (dir.), *L'économie sociale et solidaire et le travail*, 2013.

Économie et Entreprise aux éditions L'Harmattan

Dernières parutions

FRANÇAIS (LE) ÉCONOMIQUE À L'ÈRE DE LA MONDIALISATION
Schulders Guy
Cet ouvrage présente une explication de concepts économiques de base, dont la connaissance et la maîtrise sont indispensables aux entrepreneurs de tous les pays et aux hommes d'affaires modernes, qui développent de plus en plus de synergies et de relations commerciales avec leurs homologues du monde francophone. Il s'agit de permettre à l'espace économique francophone de tenir la place qui lui revient.
(30.00 euros, 328 p.)
ISBN : 978-2-343-00132-6, ISBN EBOOK : 978-2-296-53104-8

UNE ÉCONOMIE DE SERVICES SANS SERVILITÉ
Madinier Philippe - Préface de Jean Gadrey
Le travail indépendant se développe à nouveau en France. Cette évolution est due à la prépondérance des activités et surtout des services consistant à prendre soin des hommes et des choses. Dans ces activités, la concentration économique ne s'impose pas. Cette prépondérance est appelée à se renforcer. Néanmoins, le développement souhaitable des services de soin et celui du travail indépendant qui lui est lié ne sont pas sans poser des problèmes à la politique économique et sociale, notamment des problèmes de fiscalité.
(Coll. L'esprit économique, série Economie et Innovation, 16.50 euros, 158 p.)
ISBN : 978-2-336-29283-0, ISBN EBOOK : 978-2-296-53055-3

FORMATION (LA) PROFESSIONNELLE POUR ADULTES
De l'éducation pour tous à la gestion individuelle de carrières
Saccomanno Benjamin
Ce livre revient sur la longue histoire sociale et juridique de la formation professionnelle en France. Depuis la mise en place d'initiatives corporatistes, ouvrières ou associatives, jusqu'à l'organisation par les pouvoirs publics d'une offre censée répondre aux évolutions des besoins d'une société en pleine mutation industrielle, ce sont les finalités de l'apprentissage et le rapport au savoir et à l'éducation qui s'en trouvent ici questionnés.
(Coll. Pour Comprendre, 21.00 euros, 218 p.)
ISBN : 978-2-343-00376-4, ISBN EBOOK : 978-2-296-53138-3

DIALOGUE (LE). PRIORITÉ DANS LE MÉTIER
Fassier Christian
Pour avoir des hommes sains dans un corps de métier sain, il faut donner une place essentielle au dialogue ; sans cela, la menace de l'aliénation mentale apparaît. S'inspirant de Lev Vygotski et de Mikhaïl Bakhtine, l'auteur démontre que le dialogue est un instrument de transformation des conflits et un outil de médiation indispensable à l'intercompréhension. Mais pour lui, les mots sans les actes ne valent rien...
(19.00 euros, 194 p.)
ISBN : 978-2-343-00101-2, ISBN EBOOK : 978-2-296-52978-6

AVENTURE (L') HUMAINE DANS L'ENTREPRISE – En huit questions
Reyre Gérard
Vivre l'entreprise aujourd'hui n'est pas une mince affaire. Huit questions occupent cet ouvrage sur l'aventure humaine dans l'entreprise. Il s'agit de proposer des formes de médiation, des manières

d'envisager les choses et les actes. Pas d'intrication forcée mais des liens, des façons de penser le quotidien, d'envisager les discordances, de trouver autant que faire se peut des modulations à l'activité humaine dans l'entreprise.
(Coll. Entreprises et Management, 23.00 euros, 232 p.)
ISBN : 978-2-296-99770-7, ISBN EBOOK : 978-2-296-51558-1

ENTREPRENDRE DANS UN MONDE EN MUTATION
Arnol-Stephan Jacques
Depuis 2008, notre modèle de croissance, notre mode de vie sont remis en question. Aurions-nous perdu la foi dans notre capacité à rebondir ? C'est contre ce sentiment d'impuissance que s'inscrit cet essai. Pour rebondir, il faut retrouver le sens de l'aventure collective. Et quelle plus belle aventure collective que l'entreprise ? Revenir à la création saine de richesses pour répondre aux besoins de bientôt neuf milliards d'humains ?
(Coll. Questions contemporaines, 19.00 euros, 194 p.)
ISBN : 978-2-336-29156-7, ISBN EBOOK : 978-2-296-51614-4

MANAGEMENT DES ÉVOLUTIONS ORGANISATIONNELLES ET STRATÉGIQUES
Sous la direction de Pascal Corbel et Philippe Hermel
Cet ouvrage appréhende les principales évolutions du management des entreprises aujourd'hui, les transformations récentes et leurs implications managériales. Il aborde la responsabilité sociale des entreprises, l'ouverture des processus d'innovation et le développement des stratégies d'influence. Il étudie également les cadres dans lesquels s'inscrivent les changements des organisations.
(Coll. Entreprises et Management, 37.00 euros, 364 p.)
ISBN : 978-2-296-99337-2, ISBN EBOOK : 978-2-296-51654-0

RÉGULATION ET MANAGEMENT DES ORGANISATIONS
Rôle de l'entreprise dans les zones périurbaines et territoires émergents
Delaye Richard
Cet ouvrage met le «territoire» au centre du management des organisations et de l'étude de ses modes de fonctionnement, des outils de gestion et de pilotage de sa performance. Il montre qu'il est possible d'analyser les dynamiques structurant le développement des territoires «oubliés», tels que les banlieues, les pays émergents et les pays en voie de développement au-delà des problématiques classiques comme l'insécurité, les jeunes en perte de repères, la ghettoïsation, le développement des réseaux formels et informels, le financement des projets visant une paix sociale incertaine.
(Coll. Gouvernance et société, 29.00 euros, 300 p.)
ISBN : 978-2-296-99506-2, ISBN EBOOK : 978-2-296-51553-6

TRAVAIL, MOBILISATION ET RÉSISTANCE – Normes et règles en jeu
Faulkner Marcel
Le travail, activité où la coopération s'impose du fait d'objectifs à atteindre, est une collaboration d'acteurs se réalisant à travers un ensemble de contradictions et de conflits de plus en plus nombreux. Les normes et règles déterminant le travail et son organisation sont contestées par d'autres qui affirment l'autonomie des métiers, l'initiative des salariés et l'amour du travail bien fait. Les enjeux sont ceux du rendement et du contrôle du travail, et, d'autre part, de la dignité des salariés.
(Coll. Logiques sociales, 35.00 euros, 344 p.)
ISBN : 978-2-343-00090-9, ISBN EBOOK : 978-2-296-51651-9

COCOTTE-MINUTE (LA) FINANCIÈRE
Petit précis de décomposition socio-économique
Duhamel Florence, Dunoyer de Segonzac Alain
Après la Seconde Guerre mondiale, les accords de Bretton Woods ont posé un cadre économique mondial ayant généré plus de quatre décennies de croissance et de stabilité. Au début des années 1990, la mécanique a commencé à se gripper pour aboutir en juillet 2008 à la faillite de la

banque Lehman-Brothers bientôt suivie du chaos financier et économique mondial. Comment est-on passé de l'ordre consensuel porté par Bretton Woods au désordre insensé qui prévaut aujourd'hui ?
(Coll. L'esprit économique, série L'économie formelle, 14.00 euros, 134 p.)
ISBN : 978-2-336-00591-1, ISBN EBOOK : 978-2-296-51324-2

GOUVERNANCE ET FILIALE DE GROUPE
Recommandations pour une meilleure gouvernance en entreprises moyennes, PME & PMI
Sous la direction de Daniel Corfmat, Marc Chambault, Georges Nurdin
Les entreprises marquent un intérêt incontestable pour une organisation structurée en groupe et filiales. Cet ouvrage apporte quelques réflexions sur la relation particulière existant entre ces deux entités au plan de la gouvernance. Il regroupe une série de recommandations qui tendent à fluidifier la relation entre la filiale et le groupe, tout en respectant chacune des entités dans leurs responsabilités, devoirs et obligations.
(Coll. Gouvernance et entreprise, 10.50 euros, 74 p.)
ISBN : 978-2-336-00246-0, ISBN EBOOK : 978-2-296-51283-2

SCANDALE (LE) COMMERCE ÉQUITABLE
Le marketing de la pauvreté au service des riches
Sylla Ndongo Samba
Alors qu'il est censé rétablir un regain de justice dans les relations commerciales Nord-Sud, l'auteur montre que le commerce équitable contribue à reproduire les mécanismes du système international. En somme, si le commerce équitable parle au nom des pauvres, il bénéficie en réalité aux pays riches. Le marketing de la pauvreté au service des riches, serait-ce là l'aboutissement de cette énième entreprise de rédemption du système capitaliste ?
(Coll. Harmattan Sénégal, 25.00 euros, 226 p.)
ISBN : 978-2-296-99542-0, ISBN EBOOK : 978-2-296-51434-8

TRAGÉDIE (LA) DE L'EURO
Bagus Philipp – Traduit de l'anglais par Olivier Imbach
A l'origine de la création de l'euro, les intentions étaient de nature politique. Grâce à la monnaie unique, la France allait se débarrasser du Deutsche Mark et s'affranchir de la tyrannie de la Banque centrale allemande (La Bundesbank). Mais le système mis en place se révèle autodestructeur, parce que plusieurs gouvernements peuvent utiliser une seule banque centrale pour financer leur déficit, sans véritable contrôle. Quelles sont aujourd'hui les voies possibles pour les membres de la zone euro ?
(Coll. L'esprit économique, série Le Monde en Questions, 21.00 euros, 200 p.)
ISBN : 978-2-336-00598-0, ISBN EBOOK : 978-2-296-51400-3

INTERFACE (L') VIE DE TRAVAIL - VIE PRIVÉE
Questions en chantier
Sous la direction de Caroline Closon et Marcel Lourel
Préface de Guy Karnas
Les disciplines qui traitent de l'homme au travail voient le plus souvent l'homme ou la femme comme un travailleur ou une travailleuse, un producteur ou une productrice, un opérateur ou une opératrice, négligeant ainsi l'interaction de ce type de statuts avec les autres activités de cet homme ou de cette femme en dehors de la vie professionnelle. Le plus souvent, l'entreprise tend à négliger les aspects de vie hors travail.
(Coll. Psychologie du travail, 19.00 euros, 186 p.)
ISBN : 978-2-336-00652-9, ISBN EBOOK : 978-2-296-51402-7

MERCERON SCOP-SA
Gerll Gabrielle, Lardot Romain
Licenciés suite à la cessation d'activité de leur entreprise, 27 ouvriers décident de racheter leur outil de travail pour reprendre à leur compte l'activité de carrosserie industrielle. L'entreprise devient une Société Coopérative de Production (SCOP) dont ils sont les propriétaires à parts

égales... Deux ans plus tard, ils déposent le bilan. Au travers de cette histoire, le film propose de s'interroger sur les difficultés d'une expérience coopérativiste dans le contexte économique actuel.
(20.00 euros)
ISBN : 978-2-336-00772-4

ENJEUX ET LUTTES DANS LE CHAMP ÉCONOMIQUE (1980-2010)
de Montlibert Christian
Ce livre analyse tout d'abord la structure du champ économique et décrit les stratégies des firmes dans un monde soumis aux injonctions pressantes des financiers. Il étudie ensuite trois types de décision : les mesures de licenciement qui défont les collectifs ; le développement de l'équipement informatique comme manière d'imposer un contrôle social plus strict ; l'investissement dans les publicités célébrant les mérites de la marque et de la firme.
(Coll. Questions sociologiques, 31.00 euros, 306 p.)
ISBN : 978-2-336-00161-6, ISBN EBOOK : 978-2-296-50829-3

ENSEIGNANT (L') : RÉALITÉS ÉCONOMIQUES ET ENJEUX PROFESSIONNELS
Plassard Jean-Michel, Larré Françoise
Dans quelle mesure et de quelle façon l'analyse économique rend-elle compte de l'activité de l'enseignant ? De la théorie du capital humain à la théorie des incitations en passant par la *New Economics of Personnel* et les nouveaux modèles de régulation scolaire, voici une analyse qui interroge la capacité de l'analyse économique à rendre compte des questions organisationnelles, longtemps ignorées par l'économie de l'éducation.
(Coll. L'esprit économique, 25.00 euros, 240 p.)
ISBN : 978-2-336-00565-2, ISBN EBOOK : 978-2-296-50888-0

ORGANISATION (L') DES CRIMES EN COL BLANC – «Une gestion meurtrière»
Fines Louise
Averties que leurs activités causent du tort à autrui et à l'environnement, que font les organisations ? Pourquoi ignorent-elles les signaux avertisseurs et les appels des «sonneurs de cloche» ? A partir de quand le délai pris pour réagir devient-il un crime ? Sur la base de quelles logiques organisationnelles et structurelles les entreprises «fautives» en viennent-elles à décider de ne rien faire ? Quelles sont les dynamiques à l'oeuvre ?
(24.00 euros, 238 p.)
ISBN : 978-2-336-00300-9, ISBN EBOOK : 978-2-296-50826-2

SCIENCE (LA) ÉCONOMIQUE
De l'Économie politique à l'Analyse économique
Diouf Makhtar
Ce livre décrit l'évolution depuis la naissance de la science économique avec le tronc commun constitué par «l'Économie politique classique» jusqu'à sa fracture en deux branches : le courant marxiste et le courant néoclassique largement prédominant dans l'enseignement universitaire. L'économie du développement figure aussi en bonne place dans ses différentes et principales présentations théoriques.
(40.00 euros, 424 p.)
ISBN : 978-2-296-99530-7, ISBN EBOOK : 978-2-296-50972-6

L'HARMATTAN, ITALIA
Via Degli Artisti 15; 10124 Torino

L'HARMATTAN HONGRIE
Könyvesbolt ; Kossuth L. u. 14-16
1053 Budapest

ESPACE L'HARMATTAN KINSHASA
Faculté des Sciences sociales,
politiques et administratives
BP243, KIN XI
Université de Kinshasa

L'HARMATTAN CONGO
67, av. E. P. Lumumba
Bât. – Congo Pharmacie (Bib. Nat.)
BP2874 Brazzaville
harmattan.congo@yahoo.fr

L'HARMATTAN GUINÉE
Almamya Rue KA 028, en face du restaurant Le Cèdre
OKB agency BP 3470 Conakry
(00224) 60 20 85 08
harmattanguinee@yahoo.fr

L'HARMATTAN CAMEROUN
BP 11486
Face à la SNI, immeuble Don Bosco
Yaoundé
(00237) 99 76 61 66
harmattancam@yahoo.fr

L'HARMATTAN CÔTE D'IVOIRE
Résidence Karl / cité des arts
Abidjan-Cocody 03 BP 1588 Abidjan 03
(00225) 05 77 87 31
etien_nda@yahoo.fr

L'HARMATTAN MAURITANIE
Espace El Kettab du livre francophone
N° 472 avenue du Palais des Congrès
BP 316 Nouakchott
(00222) 63 25 980

L'HARMATTAN SÉNÉGAL
« Villa Rose », rue de Diourbel X G, Point E
BP 45034 Dakar FANN
(00221) 33 825 98 58 / 77 242 25 08
senharmattan@gmail.com

L'HARMATTAN TOGO
1771, Bd du 13 janvier
BP 414 Lomé
Tél : 00 228 2201792
gerry@taama.net

649730 - Avril 2016
Achevé d'imprimer par

1livre.com
du rêve à la réalité !

www.ingramcontent.com/pod-product-compliance
Lightning Source LLC
LaVergne TN
LVHW010935061026
849535LV00007B/2405